公關大有為

孫秀蕙・黎明珍◎著

The Amazing Public Relations

黃序

這是一本我在哈佛大學研究期間睡前的床頭書，很好看！

公共關係是什麼？每次演講，總必須從定義說起，對於公關或公共關係，一百個人中可能有一百二十種不同的定義。姑且以學界、業界以及界外三種觀點來看。學界研究公共關係的學派可以略分為管理學派、語藝學派以及整合行銷傳播學派。除了學派不同、各有不同的觀點與主張外，單單是學界就找出了四百餘種有關公共關係的定義，讓人眼花撩亂。業界對於公共關係涵蓋的內容與範圍也有不同的看法，不管是以產業別、業務內容、在地或國際觀點，或是以顧問公司及企業內公關區別，各方對於公共關係的界定也確有不同的看法。此外，非學界與業界的人看公共關係，更是有其反映「社會真實」的一面（譬如公關公主、第三性公關）。凡此種種，對於想走入公關領域的年輕人有霧裡看花的感覺，有些人因而躊躇不前，有些人赴湯蹈火但壯志未酬，當然，也有些人尋得了自己的夢想與天空。也正因為這樣的多面，讓許多關心這些年輕人的父母憂心忡忡。這本書適合思考這些問題的人來閱讀。

這本書有幾個特點。第一，這本書的觀點與案例是很在地的。譬如金龜車繪畫比賽、台灣國際風箏節、SARS危機事件等，讀來近身且熟悉。

第二，這本書的觀點是學、術對話的。與其他公關書較為不同之處，兩位作者分別來自學界與業界，透過對話、透過整合，這本書呈現了兩界的關懷，也整合了兩界的觀點。

第三，這本書的內容是提綱挈領的。雖然公共關係涵蓋面向很廣，本書選擇主要的內容與業務方向切入，從公關夢與公關憧憬談起，然後進入公關實務的幾個主要面向：客戶關係、藝文公關、活動公關、媒體關係、行銷與公關、公關倫理、危機處理以及網路公關，書末則以築夢踏實的專業能力結尾。

第四，這本書的行文是自然真實的。書中沒有學術語彙的琢磨，沒有深奧的理論模式，沒有說書的勵志教條，所以，讀來輕鬆自然，睡前閱讀不會讓你肅然起敬到想立刻起身作個大有為的公關人（可以留到隔天天明），也不會讓你緊張到無法入眠，倒是可以讓你帶著淺淺的笑意進入夢鄉。

黃序

最後，兩位作者是本書的精神，也是這本書的精華。讀這本書的時候，秀蕙與明珍說話的神情躍然紙上。我可以看到秀蕙調理分明、深入淺出、幽默慧詰的邏輯論述，也可以看到明珍時文時武、旁徵博引，一派閒情談公關的模樣。兩位作者都是很精彩的公關人。一個可以教很好的書、作很好的研究，同時，還可以寫爵士書、主持音樂廣播節目。另一位呢，則是上天下地「玩」公關，除了豐富的公關專業與經驗外，本身就是一個充滿驚喜、非常好玩的人。

套句我最常回答學生當初為何進到公共關係領域的話：因為公關很好玩！公關領域需要新血！在絢麗的外表、嚴謹的專業知識與技能外，需要精彩的公關人！精彩的公關人需要好奇、需要韌性、需要踏實，也需要好（ㄏㄠˇ與ㄏㄠˋ）玩！

這樣的兩個作者，這樣的一本床頭書，你可看看！

政治大學廣告系教授

黃懿慧

於美國哈佛大學Charles河畔

二〇〇三年十一月

孫序

寫一本給生手閱讀的公關書一直是我最大的心願。十餘年前，我自美國取得學位返台，在政大廣告系教書，開設多門公關課程。在編製教材的過程中，常因為本土公關教材不足，而必須規定同學閱讀英文讀本。為此，我常覺得遺憾。

後來拙作《公共關係：理論、策略與研究實例》雖然出版，在出版市場上獲得銷售佳績，但我仍然不滿足。我希望與公關實務人員合作，能夠以淺顯的文字、生動的經驗故事，讓有志從事這一行卻不得其門而入的讀者，能夠很快地瞭解公關這一行的奧妙。

我希望，讀者在閱讀完這本書之後，能夠掌握到公關工作的精髓，瞭解何謂「公關」？如何運作？與行銷之間的關聯是什麼？最重要的是，當危機或實際的狀況發生時，如何以公關的手段來解決問題？

我在美求學期間是台灣社會變動最劇烈的時候。黨禁報禁一一解除、媒體論述的空間延伸、報紙版面擴充、第四台合法化，連BBS也在部分大學校園開始流行，台灣正式邁向資訊爆炸的時代。

由於社會漸次邁向開放，社會與論逐漸獲得企業與政府的重視，加上選民與消費者意識的覺醒，環保觀念蔚為風潮。在品牌競爭的壓力下，企業界對於社會動脈的掌握必須更加精準，對於品牌形象的經營也更加重視。

如何抓住時代關鍵，為企業創造致勝的契機？這是所有公關人需要面對的問題，誠如本書〈公關與行銷〉單元中指出，維持品牌形象不能只靠砸錢買廣告，也不能從傳統的行銷學來考量，這是因為企業也是社會公民，若要永續生存，則必須跳脫傳統思考，從社會效益出發，讓公關操作中強調的公益行為完全融入企業策略，從而創造雙贏的局面。

另外，企業或組織如何面對突如其來的危機？處理步驟有哪些？本書在〈危機處理〉單元中，也以二〇〇三年備受全球矚目的SARS疫情為例，從公關的角度切入，探討危機傳播的要素。除此之外，公關人如何與客戶建立關係，如何運用新媒體，如何面對網路謠言，如何扮演藝術表演團體與企業之間的橋樑，如何舉辦大型活動，如何拿捏工作中道德尺度的問題，甚至如何自我充實：這些問題，本書都提供了完整的答案。

本書之所以能順利完成，協同作者黎明珍是最大功臣。多虧她魔羯座不屈不撓，堅持到底的山羊個性，以及專業公關人對於工作的熱情，使得個性疏懶的我沒有逃避的藉口，這本書因而順利誕生。政大廣告系的羅君涵協助資料整理與個案蒐集，王瑞嫺負責插圖，態度認真，盡心盡力，我與明珍感佩不已。在這本書中曾接受訪問的朋友，依序為：台北市藝術推廣協會執行長陳琪，中華民國風箏協會秘書長吳盈慧，瑋羅國際公關行銷顧問公司總經理許主冠，前創勢公關公司總經理、現任台灣國際奧比斯防盲救盲基金會執行長錢為家。他們在百忙之中接受訪問，提出寶貴的公關專業觀點，讓這本書更豐富，更精彩，在此致上最深的謝意。

孫秀蕙

黎序

外婆嫁給外公時，十里紅妝滿滿的祝福，其中最值得一書的是她的舅老爺，也就是歷史上有名的良相劉墉所留下來的一些書法。這些古董在我的記憶中總是高高的懸掛在我家的廳堂上，其中「掬水月在手，弄花香滿衣」的對聯對我的影響非常深遠。母親告訴我這種境界不需要解釋，長大就會明瞭。後來我參透了，這就是一種氣質與環境。

公關人員的培養，不是熟稔教科書就一蹴可幾的，氣質與環境造就了長長久久的公關人才。而就「術」的方面，坊間已經多有相關書籍，不論是國內著作或是國外翻譯，讀者可以參考的林林總總。而本書想要傳達的心理建設層面大於技術指導，經驗交流的意義更遠甚於教戰守則。

筆者從事公關工作從未特意去營造，這就是水到渠成的感覺。這也許會讓想要從此行業賺取更多實質利益的起步者失望，但是想要活得越久得到越多的後進，不妨前進這個有趣的職業。在公關這一行努力的過程中，總是會留下許多穹音。爾後不論是轉業任職，或是解甲歸田，走過這一遭的同業，都會同聲一讚：好個公關！

感謝孫秀蕙與我一起圓了這個出書的夢。她在專業的領域中已經寫了許多本暢銷書籍，孜孜不倦的她忒謙了。我雖是本書的推手，若沒有她不吝指正，讀者也沒有辦法享受到這本有系統介紹公關邏輯的書。合力撰寫一本書，不僅是知識的交流，更是默契的培養。我倆的學經歷、個性、養成背景都大不相同，而在同心協力完成本書之際，雙方都將自己的吸收及發揮能力擴張到極致，所希望的成果就是能夠寫出一本對讀者來說深入淺出的好書。天蠍座的秀蕙加上魔羯座的我，找到了彼此最好的優點，將理論與經驗融合交織，加上我倆的文思，如期順利讓此書問世。

本書籌備過程中，我們原本準備了更多單元，但是考慮到這是給有志從事這行業的一本起步書，忍痛刪節了許多章節。但是在草稿完成後敬呈幾位資深同業，得到了非常正面的評價，使得我與秀蕙都十分欣悅。真心希望這本書的問世能給公關界培育一些新血輪。當然我們因為籌備此書，也「坐」了大台北不少的咖啡廳及茶館，這也算是在不景氣時對社會實質的回饋吧！如果您曾在喝下午茶時聽到兩位爭先表達公關意念的鄰座思辯，在此見個禮道聲歉，因為您的成全本書得以問世。

最要感謝的是撥冗幫我們寫序的政治大學廣告系黃懿慧老師，她目前負笈在美，相信讀者從她精闢的序言中可以領略這份用心導讀，以及多位熱心推薦本書的長輩及先進：提攜後進的頂新集團味全公司的魏董事長、宏才大略的ING安泰人壽潘總裁、公關高手羅立委文嘉、對文化推廣不遺餘力的朱理事長惠良、慎思謀略的丁顧問庭宇、資深媒體人中時趙副主筆政岷、指導我行銷概念的前味全總經理Lynn王、客戶老友李建復先生、我的摯友崔麗心小姐、多年公關夥伴錢為家先生，以及我目前履新的範亞公關董事長鄭美玫女士，大家都是日理萬機，有勞專程推薦，至情隆誼，筆者銘感五內。

《公關大有為》是我送給自己的四十歲生日禮物，也送給疼愛我的先生王子亦以及我的愛女王昕。更望憑藉此書的付梓，轉換成推動我繼續向公關界精進衝刺的動力源泉。

黎明珍

目錄

Public Relations

目錄

目錄

Public Relations

目錄

Public Relations

公關的夢想

每一個人都有夢想。

想進入公關這一行的人，也都是懷抱著憧憬而來的。

夢想和理想是不同的。夢想，聽起來有些遊戲的味道，是帶有趣味性的，而理想是根據事理來構成、設想，含有邏輯推定的意涵。夢想多少蘊含著虛幻的特質，理想則構築於事實之上。兩者共同的地方是，它們都眞切地反映了一個人的熱情，而這份熱情，驅動了公關人員的工作活力。

初入公關這一行時，曾從書本中學習公關這一行的MAPS準則。所謂MAPS，指的是：Management（管理）、Analysis（分析）、Promotion（促銷）、Sales and Marketing（販售與行銷）四元素。這些教科書式的準則，只是一些標準的說法和基本作法而已。這麼多年來，筆者卻深深體會到，對於一個公關人而言，公關這一行最具特色之處，並非是MAPS，而是「溝通」。MAPS固然是公關操作的準則，但溝通卻是公關的精髓。

溝通的重要性

眞正的溝通重點，在於「通」這個字；換句話說，要眞正碰觸到公關人員的目標對象（target audience），確實傳達精確的訊息。這也就是：針對群眾特質，在適合的時間點，傳遞那些可以碰觸到群眾心坎裏的訊息，讓他們心有所感，產生共鳴。

在公關工作的領域中，溝通的要領之一就是觀察時勢、製造話題，再以這些話題積累出合適的切入角度，讓大眾可以很快地接受。筆者從事公關業十七年來，印象較深的話題之一是「星座」。

我們可以意識型態廣告公司替歐香咖啡重塑形象的系列行銷作爲代表。在八〇年代中期，歐香咖啡先以葉璦菱爲產品代言人，到巴黎出外景，將產品設定爲歐風路線，這項策略行之有年。消費者雖然熟悉這一個品牌，但罐裝咖啡競爭激烈，歐香的行銷力不免漸邁入疲態。爲讓年輕消費者增強印象，廣告公司轉變了產品形象，注入了不一樣的色彩，增添了產品的趣味性，拍出一系列以星座爲主題，至今仍令人印象深刻的廣告片。

在這一個改變產品調性的行銷過程中，負責公關工作的偉達公關公司（Hill & Knowlton）必須鎖定產品的定位，以公關的角度，無所不用其極地，與廣告中出現的各個場景和元素相連結，將話題炒熱。這也就是說，公關必須接續由廣告所啓動的熱門話題，讓它「家喻户曉」，讓大眾主動將生活中的話題圍繞在廣告提及的「星座」中，如此一來不但可增強品牌形象（大家可以將「星座」話題和「歐香咖啡」廣告成功地連結起來），也可以回饋到市場銷售上。當時的廣告之成功，幾乎年輕人都在討論：爲什麼慈禧太后是天蠍座呢？

爲了轉換產品調性，一推出廣告即廣受注目、引起話題的例子，還有二〇〇二年三菱公司推出的Galant轎車廣告。在冷調的氣氛中，金城武從台北開車南下，女主角從南部北上，當兩部車子駛進中央山脈山谷中交會時，金城武和心儀的女生交換了唱片。

受到該片浪漫氣氛深深吸引的觀眾都想知道，他到底和那個女生交換了什麼樣的音樂？廣告中一閃而過的唱片封面，觸動了觀眾的心弦，帶動了討論的話題：那是美國鋼琴家Bill Evans的"Waltz for Debby"和印象派大師德布西的「月光」。

成功的宣傳可以帶動話題，好的話題帶動了更多的資訊討論，這些資訊回饋到市場去，於是唱片行的爵士樂排行榜銷售冠軍變成Bill Evans的"Waltz for Debby"。透過一個超級明星的代言與氣氛的塑造，汽車廣告不但帶動了產品的買氣，也刺激了更多人聆聽好音樂，這是一個美麗的雙贏結局。

公關操作成功的鐵律之一，就是善於觀察社會趨勢，抓住了適於大眾討論的議題，甚至打破社會禁忌，利用各種宣傳的機會，加深消費者心中的品牌印象。

▼善於炒作話題的公關大師伯內思▲

美國的公關大師愛德華・伯內思（Edward Bernays）也是一個善於觀察社會趨

勢，懂得炒熱話題的佼佼者。早在美國女人仍有諸多禁忌的時代，他就利用替香煙公司進行公關操作的機會，成功地打破了女人不能在公開場合抽煙的禁忌。

伯內思的舅舅正是大名鼎鼎的精神分析大師佛洛依德。他當時受香煙公司之託，公關企畫的目標是擴大當時已經漸趨飽和的香煙消費市場，於是他靈機一動，請教了心理諮商專家：女人想要什麼？

伯內思的心理諮商朋友告訴他，這些來尋求諮商協助的女性，大多是教養良好的中上階級女性，雖然衣食無虞，但普遍心理苦悶，原因是，她們渴望有更多的自由。

所謂公關人的夢想，就是從看似平常的生活中，積極開展意義，從而創造具前瞻性的議題。伯內思聽了諮商師的話，當下決定，他要在復活節那一天，舉行一個大遊行，稱之爲「自由之炬」（torches of freedom），邀請紐約當時最時髦的社交名媛參加，在以時尚聞名的曼哈頓第五大道上，讓她們可以名副其實地「煙」視媚行，穿著最時髦的衣服，自由自在地昂首闊步，吞雲吐霧。

透過媒體爭相報導，這個著名的遊行，利用「吸煙=女性解放」巧妙的符號連結，打破了美國女人不能在公共場合吸煙的禁忌，更吸引了無數嚮往時尚，追求時髦的年輕少女效法。此一訴求威力之強大，直至一九七〇年，女權運動興起之後，更有香煙公司創造專爲女性量身訂作的「維珍妮」（Virginia Slim）香煙，它的廣告大量使用了女性解放的術語，創造了產品的銷售佳績。

一直到現在，利用製造話題的方式，打破不成文的社會禁忌，仍是公關人最大的夢想，也是最大的挑戰。

中國的公關鼻祖

筆者小時候的夢想，是想當一名傑出的外交官。外交官和公關人其實都有共同的特質：它們都是與人發生互動和建立關係的工作。

有人說，中國公關的鼻祖，可以戰國時代擅長外交辭令的蘇秦、張儀爲代表。在群雄崛起的時代，國家之間不可能無止盡地發動戰爭，耗損國力，若是能派出能言善道，善於分析事理者，以有力的訴求説服另一國君主，與之結盟，則可彼此合作，保持國家的穩定。這依憑的，可不是權勢或武力，而是用語言去打動人心。

説服六國採取合縱政策抗秦的蘇秦，就是一個善於説話的人。在當時的強國齊國，齊聚了一群知識份子，他們飽讀經書，哲學、法學、論理學，無所不通。對各國君主而言，他們好比國策顧問，專以議論爲生，這與希臘時代的詭辯學者（sophists）有幾分類似。

有人説，蘇秦很會揣測對方的心意，他更發展出一套左右人心的技巧，它並非出於強迫，而是先瞭解對方的性格，投其所好，讓對方認爲，自己原本就想如此做。

其實，用現代心理學的術語來説，蘇秦就是一個可以成功掌握目標對象心態的説服者。他善於使用比喻，「寧爲雞首，不爲牛後」一語，就出自蘇秦之口。意思是説，與其成爲秦國的附庸，低人一等，還不如作一國之君。蘇秦用此一訴求，成功地說服六國締結同盟，他自己也廣受尊重，好不威風。

合縱原本就像是一把雙刃劍。天下大勢，合久必分，分久必合，彼此結盟，固然能建立強大的勢力，但背後卻有分裂和背叛的風險。好比某一個產業剛開始興盛的時候，市場仍處於混亂的狀態，幾個較小規模的公司或許還能彼此合作，用較便宜的價格或更好的服務來對抗大品牌，但時間一久，若是各個小公司只想維護眼前利益，很快地就會被強勢品牌以優勢的通路或更低的特價所消滅。

張儀就是另一個洞悉人性的公關大師。在演變成秦、齊、楚三雄爭霸的局勢之下，張儀出使楚國，離間楚國與齊國的關係，他看穿楚懷王個性衝動剛愎自用的一面，先以出讓秦國土地的說法打動楚懷王，然後再斷然反悔，讓楚懷王一時氣憤，倉促向秦國出兵，結果反而中了張儀的計謀，不但戰敗且國力銳減，讓秦國有可乘之機。

其實，合縱、連橫，孰優孰劣，並不重要。重要的是如何正確地研判情勢、掌握心理、善於分析，並以適當的比喻說服對方。當然，在現代公關學中，我們並不

贊成以誘騙或欺瞞的方式進行公關操作。張儀和蘇秦給公關人的正確啓示應當是：運用智慧進行宣傳並非偶然，而是社會與心理互動經驗的累積。

▼適合當公關人員的「特質」▲

生性喜好交友和嘗試新的事務，也是讓公關人的夢想起飛的條件。合格的公關人，在做從未有人做過的事情時，會因爲事務的新奇性而感到無比的興奮。不過，對於許多上市或上櫃的公司來說，由於背負著股價起伏的壓力，他們反倒會希望公關部門守成即可，所以部分任職於企業公關部門者會給人較爲保守的印象。這也說明了爲何有些企業對外發布的訊息十分有限。或許會有人批評，他們美名爲企業公關人員，但卻無意開啓一條通暢的傳播管道。這其實無妨，因爲企業中的公關部門與公關公司角色的扮演，有時候是很不同的。

嘗試新的事務，對懷抱夢想的公關人來說，就是挑戰傳統的思考模式。我們就以小小的公關活動為例：洗澡唱歌是很平常的事，但發展成一項公開的趣味比賽，就成為打破傳統思考的事情了。許多公關個案，都是藉由打破傳統思考的方式，將創新的點子轉化成公關活動（events），甚至進一步發展成議題，最後成為廣為人知的新聞。

再者，公關人必須挑戰自我極限。這與挑戰思考模式不同，挑戰思考模式是不循主流思考方式，在框框之外發展出新鮮的創意。挑戰極限則是原本就知道難度高，卻能夠正面迎戰。像是現在流行的極限運動，公關人必須具有冒險犯難和藝高人膽大的特質。當我們任職於公關顧問公司，在幫客户作公關企劃時，常會面臨客户的質疑與挑戰。提案經過客户東挑西揀，一定會層層稀釋掉，甚至變質。原本一百分的企劃，一定會只剩六十分。

所以，如果本來就只有六十分的企劃點子，可能根本就無法達成當初設定的目標。這也是目前公關業缺乏新意的困境，有「膽識」、勇於向創意極限挑戰的人似乎並不多。

舉例來說，陳水扁當台北市長的時代，筆者曾經做過幾個有趣的案子。例如「閃亮夜台北」，原本的想法應該是用燈光把台北市照亮，越亮，越顯眼，越好。可是公關人不應受限於想當然爾的主題，於是我們用了另類的思維，辦了「十大建築燈光金獎」的選拔。

所謂另類的思維，是將大部分醜醜的燈光關掉，只讓最輝煌、最深刻、最有藝術美感的造型燈飾閃耀光芒。企劃主題是：「世界上的城市在夜晚都會消失，燈光卻讓城市存在。」當時張景森是台北市政府都市發展局（簡稱都發局）局長，由他帶領的都發局團隊，與我們共同將這一個企劃概念落實於獎項的設立，而這十座建築後來也一直扮演了城市發光源的角色。

另外還有「台北市招」活動，主要是宣傳長存於老台北區艋舺（也就是萬華）的百年老店，其宣傳效益也十分之好。對在商言商的公關公司來說，這幾個案子獲利率並不高，甚至把所有投入的人力資源等算在內，等於是賠錢在做。但對公關人來說，執行有膽識、有創意的公關點子是人生的夢想，當你的合作對象配合度高，

第1話 公關的夢想

欣賞你的怪點子，不就是在圓一個夢，向自我的能力極限挑戰嗎？

二〇〇二年九月二十一日，也就是台灣九二一地震三週年，由總統府、文化總會主辦，中華電信贊助，在總統府前面，一個與眾不同的嘉年華活動「月圓人圓台灣好」誕生了。若是循著傳統思維，「中秋賞月」可以想當然爾的流於制式，而有官員現身的地方，恐怕只給人「無聊」的印象罷了。

然而，這場嘉年華突破了以往的賞月活動窠臼，以國際藝術表演的方式塑造了一個完全不同的歡樂氣氛。不但有碩大的造型氣球，有荷蘭企業贊助的可愛卡通兔，更有法國來的「飛行藝人」大膽地爬上總統府建築上的鋼架，作各種行動劇的表演。

在城市中辦一個結合大型製作物（氣球、鋼架）、舞蹈和戲劇表演的活動，在全球各大城市或許屢見不鮮（例如威尼斯的藝術節）。然而，對於一個公關企劃人員來說，要能說服主辦單位，在被視爲禁區的總統府建築爬上爬下地表演，是一件多大的、向「極限」挑戰的行爲啊！

在充滿熱鬧的藝術活動氣息的城市中，主辦和執行單位唯有具備成熟的人文思想訓練，才作得出饒具趣味又充滿人文氣息的活動。就像「月圓人圓台灣好」活動企劃者一樣，有夢想的公關人必須要自我期許，在有生之年，盡可能地吸收各種知識養分！換言之，如同藝術創作一般，公關人的「夢想資料庫」要很充足，有信手拈來源源不絕的好點子，否則，就算有夢想，恐怕做出來的「成品」，也會很單調。

或許也會有人說，其實公關的技巧並不難！只要讀幾本公關的書，掌握大眾媒體工作人員的動態，追蹤記者，瞭解他們上下班時間，發新聞稿，用耐心與時間來作公關工作不就好了。事實上，這只是公關工作中的一環「媒體關係」而已。而「媒體關係」，也不只是發稿與聯絡記者而已（關於「媒體關係」，我們在稍後的單元會仔細說明）。

我們要強調的是，推翻傳統思考模式、推向自我極限，再加上良好的公關專業知識與訓練，是成就夢想的重要條件，這幾個元素都不可偏廢。在伯內思的傳記《大處思考》中，我們讀到伯內思的家學淵源，讓他有非常好的人文素養，有縝密的

第1話

公關的夢想

思考訓練，有走在時代前端的創意。公關人想要永續經營，就必須接受創意的挑戰。不幸的是，礙於跨國公司政策的關係，某些公關人似乎就只能遵循一定的框框。

在廣告界，我們看到許多精彩的創意執行成功的案例，但這並不是廣告公司的專利！成功的公關人是要非常有創意的。公關的訓練或許很基本，但如何學習「創造」好點子，卻是各憑本事。我們有沒有膽量進行自我挑戰？我們有沒有辦法以一個很棒但卻非常大膽的點子去說服客戶？任何客戶都會挑剔，除非我們可以斬釘截鐵地預期執行的案子一定本小利大，否則我們永遠在向不可能與極限挑戰！

在待人接物方面，公關人需具有高度敏銳的觀察力。我們固然希望認識越多的人越好，但更希望認識我的人，也會記得我。這就是成功的自我宣傳。或許只是遞名片時，講一兩句令別人有印象的話語，但效果卻是無窮。

成就公關人的另一個條件，就是「洞察人性」，我們自身要夠感性，甚至要很羅曼蒂克。不論我們接觸的客戶，是企業產品、政治人物，或是政府的宣導理念，我們都要懂得如何用人性來包裝產品或概念。說到人性流露，最不可掌握、擁有最大想像空間的，絕不會是親情。因爲大部分的親情是穩固的、溫馨的。愛情詭譎多變，有刺激、有期待，有多少文學或戲劇作品以愛情爲主題打動人心？當我們擅長於洞察人性，將生命的多元特質與情感關係的有趣之處融入公關活動時，就已經可算是一個稱職的公關企劃人員了。

「洞察人性」的另一個面向，是培養同理心。一定要設身處地去瞭解他人眞正的需求，如此一來，社會大眾對於公關人提出的訴求才會認爲有價值，從而產生共鳴。我們要讓別人覺得言之有物，而不是套用一堆空泛的語言。公關人要能夠勾勒出目標對象的形貌，掌握他們的人性特質，知道如何與之對話，如何解讀對方的語言。

那麼，一個有發展潛力的公關人，到底應該具備哪些人格特質呢？風趣、幽默應是合成公關夢想的要素。因爲一個風趣幽默的人是正向思考的，擅長於建立良好的人際關係，也容易說服別人，令人印象深刻。若是一個人個性太「冷」，過於頑固，沒有風趣的人格特質，可能會把很多事情（包括建立關係在內）搞得很僵。

美國進攻伊拉克時，我們從電視新聞報導發現，伊拉克總統海珊的新聞部發言人忠心耿耿，在海珊節節敗退時，仍持續發言，悖離所有我們知道的客觀事實，堅稱伊拉克軍隊必勝。我們或許會覺得這個人實在太「冷」，或是太愚忠了。不過，換個具幽默感的角度來看，他或許有條件成爲公關界中的另類「英雄」？

所以，鼓勵所有想成爲公關人的讀者：參與學校各項事務，活躍於各類社團，演說、辯論、校刊（或報紙）編輯等，都可以認識有趣的朋友。若有可能，也不要吝惜參加各種廠商舉辦的行銷大賽或活動。你可以扮演消費者，以實際使用者的角色去體會行銷或公關的魅力，瞭解他們辦促銷活動的邏輯。

筆者年幼時，曾經參加過金龜車繪畫比賽，深信會得到金龜車大獎。自童年就積極參與活動的經驗，伴隨著長大之後的社團經驗，乃至於眞正當上公關人以後，更是要用功的看廣告，看新聞，自我設想：如何以企劃者的角色，規劃可以與產品搭配的公關活動？最重要的是：不管是消費者或企劃者，你一定要相信你做的產品，而且要「玩」得很開心！

不過，我們也得提出一些警告：想作公關人的夢，一定要先穿上盔甲，因爲人一旦受挫，熱情就會減少。常常在公關案受挫時，我們會失去繼續行走的勇氣。其實，受挫是常態，但如果因爲受挫而喪失勇氣，夢想也沒有實現的一天。我們必須體認到，受挫的機率是很高的。這時候，心理建設和自我武裝就顯得格外重要。

談到公關公司的創立者，他們都是有夢想、有熱情的人。公關迷人之處，在於持續接受客户丟過來的挑戰。成就感並非來自於鎂光燈前的榮耀，而是作爲一個成功案例幕後的「作手」。我們就像戲劇導演，在戲棚下做久了，一切都能順心如意，按照戲碼演出。對公關人來說，有什麼比參與公共事務，進行企業形象包裝，或是協助產品促銷……等更幸福，更快樂的事情呢？

細數公關生涯

回想個人追逐公關夢想的過程，有甘有苦，從中成長許多。筆者於一九八六年大學畢業，加入了企業徵才活動，考進宏碁電腦。宏碁電腦在當時是所有大學生想進入的企業前三名之一，所以在當時進入宏碁電腦工作，也算是一樁令人驕傲的事。

筆者後來轉入資策會行銷部門服務。資策會是一個政府與產業共同出資的機構。服務進入第二年，資策會要設立公關部門，而筆者恰巧被全資策會同仁公認「很擅長說話」，在資源整合的前提下，理所當然從行銷部門調去公關部門。此時資策會也派任筆者上公關推廣班的課，對於公關業務有基礎的認識與瞭解，例如新聞稿寫作、如何成立危機事務小組，和一些基本公關學的理論等。

值得注意的是，企業的公關部門很難被充分授權，在公關人員層級不高的情形下，往往只能將精力放在技術性的事務上。在一個企業體系中，執行上級的命令是不二法則，當然，老闆仍然主導了公關操作的模式。

在筆者的工作中，有一項重要業務，是與號稱「科技黨外」的雜誌溝通。這些雜誌對工研院、資策會等由政府出資來執行業務，有一些尖銳的批評。這就是爲何資策會需要成立公關部門。而筆者也因此扛下和媒體溝通的重責大任。當然，在溝通的過程中，也會碰到一些跑科技線的專業記者。從實際操作中，漸漸知道公關的樣貌。

當時資策會被定位爲研究單位，身爲其中的一員，長官們都會盡可能的滿足員工學習或進修的欲望。不可避免的是，在工作晉升的過程中，我們依舊會受到職位與學歷的限制。就在筆者思考轉換跑道時，適逢外商公關公司進軍台灣，也因此就進入了偉達公關公司。

當時主其事者查大衛（David Chard）全程以中文面談。他講了一句令我印象深刻的事情：「我要找的人是合格的公關經理，而不是中英文翻譯。」他的這句話透露了對於公關專業根植於台灣的期待，給筆者注入了一劑強心針。

當時的偉達公關擁有龐大且豐富的公關企劃資料庫，這也是吸引筆者的一大原

第1話
公關的夢想

因。現在網路發達，我們幾乎可以在網路上找到所有事務的基本資料。然而，不過十餘年前，那時候的公關相關資訊仍相當匱乏。所以能夠在資料豐富的工作環境中悠遊，不但是快樂的泉源，也關係到夢想是否能夠實現。

在偉達公關公司服務兩年，最大的收穫是培養了國際視野，對這一行更加熟悉，和一群有豐富工作經驗的人共事，並且善用資料庫，自我充實。

服務於偉達公關期間，筆者曾花了一段時間，拜訪美國偉達公關五個城市的分公司，就在那時，深刻體驗了人如何因爲夢想而偉大。

這幾個公關分公司各有其特色。洛杉磯的辦公室門口掛著和服，代表的是這個城市有繁榮的國際性商業活動。

華盛頓分公司的客户大部分都是公共部門，以政府機構爲主。

舊金山的辦公室另有一片風情。我們可以看到戴著牛仔帽、著海灘裝的同事，看起來好不逍遙自在。在風景宜人的灣區，旅遊觀光產業的客户是大宗。

芝加哥的分公司則是出版業繁盛，承攬了大量的宣傳製品等委辦業務。

紐約是另一國際性大都會。令筆者印象深刻的是，他們擁有最完整的資料庫，蒐集了全世界精采的公關與行銷個案。

此行印象最深的，莫過於造訪了位於華盛頓特區，美國偉達公關總裁鮑伯・德林史耐德（Bob Dilenschneider）的辦公室。

當時，在旁的人告訴我：“He is really the one charging by minute!”（他確實是以分鐘計酬的料！）

鮑伯就像律師一樣，按分鐘收客戶的顧問費。讀者或許以爲這有什麼了不起，但入公關這一行的人都知道，部分公關公司，常常替業主（也就是客戶）執行活動或支援行銷事務，所收取的服務費，往往是利潤有限，屬於技術層次的的「苦工錢」，台灣的公關界自然也不例外。

然而，所有的公關人也都夢想，能夠從「純執行」的技術層次中跳脫，向客戶提供自身的經驗與智慧，提升公關的專業水平。鮑伯的專業素養、經驗、洞察力和解決問題的能力，不但廣受肯定，也讓他「身價百倍」，讓客戶爲他「分秒必爭」。

鮑伯的辦公室位於粼粼美麗的波多馬克河邊，望出窗外，兩隻天鵝正悠游於河面，與華盛頓特區四季分明的景致層層相疊，如此美景，與簡短的一段話互相對照，對於當時只有二十七歲的我，一個仍在往上爬升的年輕公關人員，可說是很大的激勵。

公關的最高境界，公關的夢想，就是專業素養被尊重，公關專業無價。

從美國回來後，與事業伙伴共創公關公司，從九坪大小的狹小空間，左手淨收款，右手應付款地處理公司財務，十年來不斷地擴充到一百多坪的辦公室，擁有將近三十名員工。

十餘年來，經歷了許多經營理想與現實之間的矛頓，但也培養了更多、更充實的工作經驗，最重要的是，夢想已經逐步實現。

不過，夢想仍未結束，它還在持續的構築發展中。

你，準備好了嗎？

建立
與客戶的關係

企業或組織以客户的角色委託公關顧問公司（又稱之爲「代理商」），主要目的是爲了聆聽來自外部的聲音或意見。因爲企業內部的公關部門很容易當局者迷，遇到棘手問題時，往往會陷入難以超脱企業運作邏輯的泥淖。這時候，企業常需仰賴公關公司的協助，提供鮮活的點子，注入新創意，開創新的契機。

從外部發出的聲音，也就是公關公司的專業判斷與服務，其優勢在於公關公司的專業人員有豐沛及多元的產業服務經驗，累積了可觀的專業知識，且對台灣的媒體生態有靈敏的嗅覺，善於掌握社會變遷，開發有趣且值得投資的宣傳議題。

企業與公關公司是否能合作愉快，創造令雙方都滿意的公關操作佳績，其關鍵在於公關公司與它的客户是否能建立充分的「信任」關係。

▼公關不只是辦活動的行業▲

有些企業可能會認爲，公關公司哪裡有可能在短時間瞭解企業的需求與產業狀

第2話 建立與客戶的關係

況呢？於是這些企業傾向於窄化公關公司的角色，將提供服務的公關人員定位於宣傳活動的執行者，而非公關策略的企劃者。如果企業不肯投注時間來溝通「企業—公關公司」雙方的定位，那麼作爲合作伙伴的公關公司也不過就是專辦活動（記者會、造勢活動）的角色而已，這是很可惜的事情。公關的角色與功能若被窄化，公關專業往往難以彰顯，特別是當企業在面臨危機，眞正需要「專業」的公關服務時，未能充分利用其專業，反而降低了雇用代理商的效益。

信任公關專業的企業是不會窄化公關角色的。公關專業的可貴性，在於爲客戶服務的公關人員，能夠在非常有限的時間內，大量地分析、閱讀客戶的資料，再加上先前的相關產業服務經驗，爲客戶量身打造合適的策略和具體的作法。

客戶或許會質疑，公關人員對產品的生產、流通等瞭解有限，如何能在如此短的時間內滿足客戶的公關需求呢？因此，客戶與公關公司之間相互信任的關係，通常不是初次合作就已經存在的。要釐清客戶的疑慮，達到彼此互信的境界，公關代理商往往需要靠最初合作時，用一兩個成功的專案來證明其成效，才能取得長期合作的合約。我們可舉隱形眼鏡藥水品牌C來說明【註一】。

▼優勢品牌如何逆向操作？▲

在隱形眼鏡藥水獨霸的時代，C牌的市場佔有率是65%到75%。而身爲挑戰者的B牌看準了隱形眼鏡藥水的市場潛力雄厚，打算挑戰第一品牌C的寶座。就經驗法則而言，市場競爭也好，政治選舉也好，只要是居於領先地位的第一品牌，在市場攻防戰中，通常是處於防守位置的。這也就是說，領導品牌趨向於守成，甚至以不變應萬變，這對求新求變的公關人員來說，是一大挑戰。

也因爲如此，對公關公司而言，要化解客户的疑慮，說服領導品牌化守爲攻，採取主動出擊的策略，等於是冒險式的逆向操作！在產品屬性方面，由於隱形眼鏡藥水屬於藥品類，礙於法令限制，不得播出廣告，在宣傳事務方面，與媒體記者的互動就變得相當重要，因此也讓提供宣傳服務的公關公司有相當大的操作空間。

當C牌推出雙氧系列，創造媒體上的話題時，競爭者B牌也隨之提出「隱形眼鏡用手洗才乾淨」的說法，作爲回應。你來我往，好不熱鬧，當競爭品牌提出了「手洗比雙氧系統更乾淨」的說法時，購買C牌藥水的消費者開始來電詢問，這時公關公司必須協助客户，打好這一場宣傳戰。

公關操作的重點，在於如何利用新產品（雙氧成分可確保沖洗乾淨）的優勢，與當下消費者關心的話題（如何保養眼睛，隱形眼鏡的安全性）相結合，讓客户產品的優勢在媒體上得到最佳的曝光，並創造後續可以繼續討論的話題。

專家背書的重要性

而在公關操作的過程中，善用「專家背書」的技巧是必要的。所謂「專家背書」，指的是學者或專家以專業的身分提供重要的產品資訊，達成爲產品背書的效果。這和明星代言產品大大不同：專家背書提供的是專家資訊，對消費者有重要的指引效果，而明星代言販賣的是一種明星的光環，讓歌迷、影迷對於明星的喜愛，可以成功地轉嫁到產品上。專家背書則是以其專業性取得消費者的信任，從而對產品有正面印象。

專家背書還可以分爲兩種：一種是自身利益與企業相關的專家背書，另一種則是專家利益與企業無涉的「第三者背書」。前者常可見於公關人員邀請客户的研究部門主管向媒體說明產品優點，後者則是專家基於理念相似，樂意幫產品說好話。

在C牌與B牌的品牌大戰時，服務C牌的公關公司成功地樹立了一個專業背書的典範：請眼科湯醫師來提供所有與隱形眼鏡藥水相關的重要資訊。操作的重點在於：只要是與隱形眼鏡藥水相關的新聞，媒體記者都必定得引用他的意見。爲什麼？透過細緻的公關溝通，媒體記者逐漸能接受，湯醫師確實是這方面的權威，他提供的資訊是準確且符合消費者需求的。

對公關人來說，這樣的操作很特別。因爲湯醫師受雇於C牌的研究部門，是客户的員工之一，而非一般我們所熟悉的第三者背書，由公正專業的醫師來提供資

C牌
湯
專題報導

訊。然而，公關公司仍然可以成功地讓記者接受發言者的權威形象。這是因爲湯醫師的發言並非空穴來風，也不是逢迎吹捧，身爲研究人員，他引用了嚴謹的數據和相關的研究發現，來說服媒體及社會大眾他是足以被信賴的，從而讓C牌漂亮地回應了B牌的挑戰。

所以，規模仍在發展中的小型公關公司，往往可以因爲在市場的攻防戰中，以漂亮的公關策略打贏競爭者，從而取得客户的「信任」，長期爲客户服務。我們可以舉另一個例子，來說明如何獲取客户的信任。

在化妝品品牌蜜斯佛陀尚未被寶僑家品（Proctor & Gable）併購之前，蜜斯佛陀曾與公關公司簽訂長期合約。爲什麼公關公司可以取得長期合約呢？也是因爲在客户的配合下，提供服務的公關公司執行了幾個成功的案子，取得蜜斯佛陀的信任。公關操作的重點，在於開創了一個較爲大膽的創意格局：以男性化妝師作爲產品代言人（在這之前，化妝品牌無此創舉）。再搭配設立客户諮詢服務專案，雙管齊下，獲得良好的宣傳成效，讓客户對公關專業產生信賴，從而穩固雙方的關係，再進行長期合作。

避免當局者迷

公關人員要特別注意的是：一旦取得長期合作關係後，固然讓公關公司的客源更穩定，但服務同一客户日久，是否也會與客户一樣，當局者迷，陷入同樣的窠臼，失去原本應有的創意和客觀性呢？

對公關公司來說，公關人員豐富的專業經驗、善於經營宣傳事務、充分掌握宣傳管道和媒體特質，是得以生存，取得客户信任最大的資產。公關人員千萬要保有此一優勢，避免因爲長期合作，反而向客户體制内想法靠攏，而讓創意發想越來越少，甚至讓公關服務流於公式化。

樂觀地來看，台灣是一個充滿各種資訊，話題滿天飛的地方。我們生活於「每一個人，每一種產品都有機會出名五分鐘」的傳播環境。媒體彼此之間激烈的競爭，創造話題成爲必要的生存條件之一。原本應該是嚴肅的政治或經濟新聞，卻弔詭地與娛樂話題互爲交織，再加上海島型的多元文化本來就生機蓬勃，給予公關人很大的發揮空間。只要好好掌握產品的特性，適時出擊，均可達到良好的公關成效。

或許有人會問，透過初次合作的幾個成功個案，客户眞的都可以對公關公司產生充分的信任嗎？若是在初期合作階段，企業連公關的定義是什麼，能夠達成什麼成效，都還不是很瞭解時，那公關公司要如何與之溝通呢？

我們必須承認，台灣的公關界對客户的教育是較爲貧乏的。困難一：公關常被定位爲促銷角色，所做的一切不過就是爲了支援行銷的功能。困難二：公關公司可以著力之處，例如提升企業形象、協助規劃長期公關策略，卻又被視爲企業內部公關的工作範疇，公關公司反而無從插手。困難三：公關主要的工作，就是要找到話題切入的方式和角度。透過新聞記者的報導，客户所言才能較具客觀性，可信度也較高，可是相對來說，公關對於訊息的掌握度也較低。然而客户卻常以廣告的標準來看待公關的執行成果（例如：將新聞篇幅大小直接換算爲廣告費用），使得公關公司的結案報告常必須附上許多似是而非的換算值與牽強的解釋。

經驗告訴我們，某些客戶的公關部門，不若公關公司有服務其他產品的經驗，也少有突破格局的勇氣，多半是採保守政策，蕭規曹隨。對上市上櫃公司而言，率爾發言若遭不當報導，反而影響股價行情，所以就更加守成。情形若演變至此，公關的角色就更難以發揮，這是身爲代理商的公關公司必須加以克服的。

如何克服這些困難呢？不可諱言，公關公司在與客戶建立合作關係的過程中，也常常是充滿矛盾、衝突、挫折的過程。但公關人也必須正向思考，所有的溝通都是爲了要解決問題，確立公關的專業性。在台灣，截至目前爲止，許多企業對公關的概念多半停留在支援新產品上市，例如辦新產品發表會、記者會等等。而公關公司的主要業務，也至少有半數以上集中於支援行銷的宣傳工作上。

說服客户進行形象深耕

除了支援行銷業務，公關人也可說服客户：從長遠的角度來看，可否考慮推動更有系統的「形象深耕」？用公關的方式來維護企業的品牌資產？

何謂「形象深耕」呢？國外大企業如新力（Sony）集團，在紐約市設立完全免費的博物館，構築一個多媒體的夢世界，讓訪客遨遊其中，試用以未來概念爲設計主軸的產品。知名的法國化妝品牌Loreal在校園設立行銷提案大賽獎項，鼓勵年輕學子腦力激盪，提出新鮮的點子。台灣規模最大的連鎖超商7-11結合社會公益話題，製作公益廣告，進行「善因行銷」，由企業帶頭，將金錢或物資配置到需要援助的對象，同時也鼓勵大家多做善事，將愛心傳到社會每一個角落。

從現實面來看，上述這些「形象深耕」的行動，固然可以造成長遠的效益，但受限於經費，業主的認知，也只有少數大企業能完成。問題的癥結，可能在於客户和部分公關人員，對於判準「效益」的標準，還留在「計算媒體曝光」的階段。其實，產品被媒體報導的數量多寡，與是否能形成一個熱門話題，甚至影響到銷售結果，並不一定直接相關。這就像許多明星代言過多的產品，往往造成人紅戲不紅的狀況，在資訊爆炸的時代，當大家的記憶力只有五分鐘時，新舊資訊之間的高汰換率，也凸顯了大量報導未必是操作成功的指標。

再者，現在是一個資訊時代，公關人員進行溝通的思維與十年前已有很大的不同。例如：現在只要有新產品上市，消費者並不一定被動地接收企業的廣告或宣傳，他們會主動評鑑產品好壞，將評比的結果張貼在網路的討論區上。網路使用者的評比內容，固然比廠商委託公關公司發的新聞稿還詳細，但由於網路的匿名特性，部分資訊缺乏有效管理，加上評鑑者並非專業權威，也有可能會引爆網路謠言或惡意誹謗的問題。因此，隨著媒體特性的變化，公關的溝通業務越來越多元化，「大眾媒體關係」固然重要，也不過是其中一環而已！

企業若是站在回饋社會的角度，以提升企業形象爲目標，與特定對象加強互動，或是贊助學界研究、社會弱勢等，這些形象深耕的行爲，由於並不重視名人或明星代言，也不以配合砸錢行動的行銷造勢爲主軸，媒體報導方面的曝光總加起來，或許比較有限，但默默耕耘，積沙成塔，對企業仍然可以造成長期的正面效益。

因此，公關公司仍應與客戶好好地溝通：不要將公關的概念局限於支援新產品上市，客戶對於產業線記者的訪問，不要抱持保守或迴避的態度，而只肯回答消費線記者的問題。畢竟公關最可著力之處，仍在輔助企業的永續經營啊！

所以，公關公司也好，企業也好，對於何謂公關效益，都應當有一套重新考量的標準。過去評估的準則對於媒體曝光過度斤斤計較，報導量似乎是判斷成敗的唯一法則。其實，這並不是公關目標的原意。知名的公關學者格魯尼（James Grunig）認爲，公關的最高境界，就是基於雙方互惠的立場，建立雙方良好的互動關係。由此看來，推動企業形象深耕的公關工作，似乎是最能符合格魯尼的說法，我們也才能從此看出公關人員的素質與專業性。

唯有提升公關人員的專業地位與價值，而非自我矮化爲行銷作戰的二軍，客戶的信任與尊重才會相對提高！

我們鼓勵所有有心推動公關的人，以長遠經營的角度對待「公關」工作。一般產品的銷售狀況，可以看長期的成長量，但企業如何評估永續發展的潛力呢？不妨參考《天下》雜誌每年評斷標竿企業的指標。這十個指標分別爲是：

- 前瞻能力
- 創新能力
- 以顧客為導向的產品服務
- 營運績效與組織效能
- 財務能力
- 吸引與培養人才的能力
- 跨國界經營能力
- 負擔企業公民的能力
- 運用科技加強優勢的能力
- 長期投資的價值

這十個指標可同時用來作爲公關長期運作的方案或答案。透過具體的指標與公正的評量，企業可據以評估努力的方向與公關的績效。

具體地來說，服務業者可以建立客户服務專線，或是在網站上設立客户服務專區等，以樹立提升服務品質的形象，這就是將抽象的概念「服務品質」具體化的方法。對媒體記者而言，這種聽來無甚新聞價值的作爲，透過長期的經營，仍會在消費者心中留下良好的印象。許久以前，當「企業做好環保」尚未成爲風潮之前，惠普（HP）就已經強調它執行徹底的回收政策，讓大眾將綠色環保與惠普直接連結起來。

北歐許多企業都有國際志工日的活動，鼓勵員工回饋社會。有時候這樣的回饋是跨地域的。例如：曾經有企業贊助「小小龍過海洋」、「兩岸和平小天使」活動，主要是由企業募集資源再透過企劃人協會送書到大陸給對岸小朋友。乍聽之下，似乎是很容易的事情，然而對公關人員來說，實際操作的層面卻有許多原先料想不到的問題：大陸的小朋友看不懂繁體書，而對岸對於文化管制極爲嚴格，對於書的內

第2話

建立與客戶的關係

容有極爲嚴格的篩檢。最後，公關公司是以號召媽媽們捐出小朋友已長大，不再閱讀的圖畫書完成善舉，同時兼顧了環保回收的概念。對公關人來說，看見彼岸的受贈地區，一群人追著一車書興奮地跑的景況，實在令人動容。也不免讓我們回想起年幼時在學校中閱讀的圖畫書，不也有許多都是聯合國教科文組織捐贈的嗎？

眾所皆知，企業中很少設立公關副總一職，公關在高層級中無法占一席之地，是因爲公關被誤認爲是浮誇作秀的。在缺乏信任，甚至誤解的情形下，公關效益也就無法被認可，從而影響企業的發展潛力。倘若上述十個指標都被充分理解並執行，這對公關在企業中地位的提升，有很大的幫助。台積電出資修繕美國大使官邸，協助台北市政府將一棟老舊的建築物轉型成台北光點電影院與咖啡廳，對其形象建立有很大的助益，或多或少更提升了它在企業發展指標中的排名。

因此，企業可以擬定具體的目標，在《天下》雜誌的年度評比中攻占位置，然後再擬定更完整的細部計畫，逐步實踐公關目標。切記：在「形象深耕」的過程中，企業若對預算錙銖必較，是會喪失作公關的原動力，且摧毀原先美意的。

▼教企業如何選擇贊助領域▲

或許也有人會問，企業主管並非全然行銷導向，但有時對於公關能達成何種效益概念模糊，所以不知從何贊助起，導致善門難開。這確實也是提升形象的一大阻礙。其實，企業不妨考量產品與整體企業調性，將願意贊助的領域作一明確界定（例如：專作青少年議題，或是以定額定期贊助某一類的藝術創作者），然後再集中資源，長期灌溉。

現在的保誠人壽（前身爲慶豐人壽，更早之前爲第一人壽），曾經做過一具有代表性的公關活動，口號是「與其給他魚吃，還不如教他如何釣魚」。企業作善事的邏輯正奠基於此。做善事並不一定是花大錢，公關公司可以扮演企業與慈善團體之間的潤滑劑，一方面幫企業尋找合適的贊助對象，另一方面也可以指導慈善團體如何做好行銷募款。將這些事情做好，所花費用並不高，不僅活動有趣，更能幫助企業與眾多慈善團體維持良好的關係。

因此，公關公司若能與企業建立良好的互動關係，只要善於整合資源，將資源導向眞正需要的對象，對社會必然有很大的助益。從救災，危機處理，乃至於設立客户服務專線，公關可說是與社會脈動和日常生活息息相關。這也是公關值得做爲終身職志的魅力之所在。這種熱情與分享理想的堅持也都會讓客户尊敬。因此，公關人的素質、經歷、從業經驗、對專業的熱誠、掌握脈動的能力與抗壓性，都構成了公關的專業性。

如何教育客户

最後，讓我們來談「如何教育客户」。

整體來說，台灣的社會環境，目前以追求表面文化爲主。不能免俗地，企業普遍也會有崇拜名人或知名學者的現象。一般來說，公關公司會在進行服務的前置作業階段，針對客户的需求，爲該公司的員工舉辦公關教育課程或個案研討。若要吸引員工的注意力，增強他們的學習興趣，可適時在課程中穿插知名人物（例如：主播、知名學者）。在實際運作中，「知名度」與「專業程度」是安排課程的重要考量。

在教材規劃方面，應包含重要觀念的培養，包括：瞭解並尊重公關專業、瞭解形象深耕的重要性、報導量多不等於公關效益大等。企業有新聞見報，不必然意味著好事上門。此外，公關人也應協助客戶做好形象定位，釐清客戶所處狀況（包括市場占有率、企業形象、產品評鑑）等來龍去脈。

在教育的過程中，公關人也必須體察企業的苦衷：有時候，企業之所以寧願保守，正是因爲被過度的新聞炒作嚇怕了。這時候，適時地提出長遠公關規劃的重要性，鼓勵企業培養好的公關概念，說服他們：成功的公關案例重點在塑造一個「有質感的企業」，或說是「良好的企業人格」。

關於這一點，我們可以IBM作爲範例。IBM會固定地進行企業自身的形象調查。透過形象調查，消費者可以用許多形容詞，來描繪他對IBM這家企業的感覺。

調查的分析結果，可以告訴公關人，企業給人的觀感是什麼，從而重新幫客户定位，抓出合適的企業特質，並據此規劃合宜的溝通策略。

可惜的是，除了大公司之外，台灣的企業似乎欠缺永續經營與建立形象的概念，許多企業以不景氣爲由，沒有編列公關預算，或是原本負責推動公關相關業務的文教基金會，也常藉口不景氣理由而結束。

不妨轉個彎想，企業主也好，公關人也好，都應學習作一個樂觀的人。當非洲人都不穿鞋時，正是賣鞋大好時機！不景氣時，是否更應摒棄大筆的廣告預算作法，轉向公關層面思考？怎麼在不景氣的時候，更加有效地整合資源，達成企業的目標？這是當下公關公司在替客户規劃課程時，最值得共同討論的主題。

【註一】

商場競爭永遠是動態的過程，單一個案公關操作成功，並非代表對手會永遠一蹶不振，而公關公司在結束某一品牌的代理之後，也有可能會接競爭品牌的案子，在此隱去品牌名稱，是爲了就事論事，而非褒揚或貶抑特定品牌，並表示對雙方商業策略的尊重。

藝術、文化與公關

二〇〇三年贏得多項金像獎的歌舞片「芝加哥」，飾演狡猾聰明律師的李察‧吉爾，唆使身繫囹圄的殺人犯女主角，在媒體記者前演戲，以爭取社會大眾的同情，從而減輕其刑責。

在這一場記者會中，導演以傀儡戲偶作爲譬喻，生動地將公關操作戲劇化的一面呈現在觀眾面前。有時候，公關活動如同一齣精彩的戲劇，幕起，演員各就各位，按照劇本的安排，各司其職，在劇情高潮處盡情揮灑，讓觀眾留下深刻的印象。

▼公關的「戲劇性」特質▲

大部分的時候，記者會也好，公關造勢活動也好，或許沒有電影「芝加哥」劇情中所述那麼誇張，但公關操作中的「戲劇性」特質，以及如何利用人文藝術活動來彰顯公關操作的價值，讓宣傳的努力得到加分的效果，在政府大力推動創意產業之際，正是我們值得努力之處。

第3話

藝術、文化與公關

公共關係屬於傳播領域。廣泛地來說，戲劇或藝術表演，亦與傳播範疇重疊。因此，兩者之間的相似性，彼此之間的關聯，特別值得留意。以政治大學傳播學院的教育爲例，在廣播電視系的課程設計中，就包含了戲劇相關課程，從製作、演出到包裝、宣傳，在老師的指導下，由學生一手包辦。

從公關的角度來說，戲劇本身可被視爲一個產品，也是一樁事件（event）。無論產品或事件，都需要公關技巧來讓它產生更好的效果。同樣地，即使是與戲劇無關的主題，我們仍可以透過精緻的操作，讓公關活動產生豐富的戲劇或藝術性效果。

藝術表演的魅力

我們曾在「公關的夢想」單元中提到，公關人需要時常挑戰自己的創意極限，並以總統府前大型的賞月嘉年華爲例，透過特殊的設計，讓傳統節慶變成饒富藝術氣息的活動。有時候，向藝術表演借火，甚至與之相互融合，不但可讓大家眼睛爲

之一亮，也可以讓大眾留下深刻的印象，達成訊息傳播的效果。而活動要傳遞的訊息，並不會因爲活動落幕而消逝，反而像所有偉大的藝術表演一樣餘韻縈繞，所以結合藝術的活動，永遠都具備特殊的意義，具有寬闊的延展性，它可以重複舉辦，令參與者樂此不疲。

事實上，不只是戲劇，每一種藝術形式都有其扣人心弦的張力。藝術可被視爲角色扮演的遊戲，透過這些角色的特質，特有的生活樣態，人們可重新認識自我與他人，並挑戰傳統思考的框架。在一個制式化的社會中，刻板的教育或工作方式只會令人成爲模仿王（copycat），這對追求企劃創意的公關人來說，是不對的。一再企劃、執行重複的東西，只會令工作僵化，終而索然無味。負責企劃總統府前賞月活動，台北藝術推廣協會的執行長陳琪，就是跳過大眾原先對總統府的僵硬觀感，妙手將之妝點成亮麗的夢想城堡，這可以說是筆者心目中挑戰極限的成功案例。

既然藝術演出具有如斯魅力，對公關工作有加分效果，那麼，應如何說服客户贊助藝術或文化活動呢？

每當筆者建議企業（客戶）贊助藝文活動時，企業提出的質疑都很類似。企業普遍對藝文表演與其品牌或企業形象的關聯性心存疑慮：消費者（公眾）記住的究竟是表演本身，還是贊助者（企業）的形象？倘若在表演結束之後，觀眾無法馬上對贊助廠商留下深刻印象，什麼是持續支持藝術表演的理由呢？

藝術活動對公關公司與客戶的意義

「長期耕耘」是我們會給企業的答案。有時候，我們會發現部分客戶缺乏恆心，少了一股持續和長期耕耘的氣度與誠意。其實，只要企業有心贊助，結合藝文概念的公關或行銷的創意自然源源不絕，只要執行得宜，所籌辦的活動必定有其效果。

現今的公關人應時時警惕自己：如何身處高度格式化的公關操作環境，而不讓思考模式僵化？畢竟，從贊助者的角度來看，長期支持一個饒富創意的藝術表演或創作，不但可從中汲取企劃的養分，也可幫助企業，讓其形象耳目一新。

然而，對藝術表演者來說，與公關公司合作，常存在著彼此認知不同的溝通難題。舉行藝術活動經驗豐富的陳琪就曾提到，公關公司來談合作事宜時，往往礙於時間壓力，多半只能直接採用現成的藝術產品（作品）。若是談到追求創意，傳統的公關公司往往受限於時間或經費，難以成就全新的藝術創作。

相同地，傳統的公關公司之收入，仍以協助、執行一般性的日常事務爲主，即便有活動執行的業務，經費也相當緊縮，難有創意伸展的空間。

藝術之所以迷人，就在於它創造了魔幻氣氛，令人過目難忘。所以以音樂、戲劇、舞蹈呈現，都是一種重要意念的傳達。對藝術創作者來說，藝術表演並不只是一個創意的展示而已。因爲每一個創意都得來不易，需要反覆的展現，推敲後再修改，等到展示的形式和表達成熟後，它就可以被放在不同的脈絡中重複演出。許多國外的藝術團隊，數十年來都是用同一套最經典的方式去呈現自我，舉例來說，在總統府前演出的「法國飛行藝人」表演團體，他們即使每年推出看似嶄新的作品，卻都是根植於同一個成熟的創意脈絡。

或許有人會批評，難道藝術表演團體也是在自我抄襲，自我重複嗎？其實不然。藝術是在現存的創意概念上堆疊新的點子，讓其光芒再現。「二〇〇二月圓人圓台灣好」活動的表演方式也遵循了這套模式。企劃單位先以「月亮」爲主題，與表演團體共同策劃活動腳本，對表演團體來說，道具是舊的，故事是新的；就公關效用來說，造成的迴響仍然很大。

其實，在執行的過程中，從業人員也會萌生更多的創意。依照規定，總統府是管制區，從沒有人想過：總統府是可以攀登的，而且這個攀登的過程還是藝術表演的一部分！除此之外，賞月嘉年華活動將煙火直接擺放在總統府的圍牆四周施放，也是前所未有。凡此種種，都足以讓負責安全的勤務單位心驚膽跳。雖然演出格外的成功，但遺憾的是，它也變成了空前絕後的演出。後來承辦兒童節的單位，想用汽球裝飾總統府，營造孩子的夢想天堂概念時，就遭退回，其原因是中秋節賞月活動雖然頗受好評，卻在立法院引爆「是否有損總統府尊嚴」的爭議，殊爲可惜。

公關人員如何與藝術團體互動？

公關人員善用藝術創意，或與藝術表演團體合作的例子屢見不鮮，但「公共關係」和「藝術創作」之間並不是沒有問題或摩擦的。主要原因是：藝術創作需要長時間的醞釀、嘗試，但公關卻講求速度、效率和立竿見影的效果，兩者之間對於活動目標、重點的認知，可以說是大不相同。

對藝術創作者或表演團體來說，與公關公司合作的問題在於「是否值得花這個力氣」的問題。由於許多公關公司必須透過投標、比稿的方式才能與客户簽約、執行案子，因此公關人在案子尚未確定之前，就必須聯絡可能合作的伙伴（例如負責轉播、宣傳的媒體，或是負責演出的表演團體）一起去提案。然而，被邀請的藝術團體並不清楚公關公司企劃案被選中的機率，究竟有多少？對公關公司來說，由於提案經驗豐富，或許可針對客户產業特質，以現存的企劃案稍作修改、套用，就可生產出一本新的企劃書。可是對於表演團體來說，每一個案子可能都需要重新編排腳本，重新選角，甚至製作新的道具，並不符合成本效益，甚至有可能在向客戶提報表演創意之後，公關公司仍未中選，但創意已經被抄襲了！

如果公關公司對於中選的比例並無把握，或是不瞭解合作伙伴企劃新點子需耗費相當資源，或無法尊重提案者的智慧財產權，往往就無法維持合作關係。畢竟，公關公司並非表演團體的經紀人，也不應該將表演團隊必須負擔所有的創意發想、執行等視爲當然。這牽涉到「互信」與「尊重」。

如何解決以上的問題呢？兩層障礙有待克服，一是台灣的企業與藝術團體之間往往缺乏直接的聯繫，彼此相知不深，自然無法有直接互信、互蒙其利的認知。若是藝術團體能勇於自我推銷，甚至透過資深公關人的協助，一起向企業高層提出贊助文化活動的想法，建立彼此良好互動的模式，則合作成功的機率自然較高。二是公關公司與企業之間，可視實際狀況，彈性修正部分提案的內容，也就是先確定活動方向，俟活動內容確定後，基於信任藝術表演團體有一定的演出實力與效益，再編列預算請對方協助規劃、執行。

▼藝術與公關成功結合的案例▲

公關公司與藝術表演團體合作成功的例子，可以筆者所服務的公關公司爲兩家廠商規劃的案子爲例。日本御木本（MIKIMOTO）可說是全球知名的珍珠首飾品牌，筆者在確定可爲客户執行宣傳案之後，就循線與果陀劇場合作，在經費無問題的前提下，建立了良好的合作模式。

公關公司邀請果陀劇場的演員，針對御木本的產品主題跳「珍珠舞」，內容以一顆珍珠誕生的過程爲主，以優美的舞姿展現珍珠與美的結合，酬勞約爲二、三十萬（這是多年前的標準），不但創造了話題，也有令人印象深刻的媒體露出。另一個成功的案例也是與果陀劇場合作，替伯爵錶（Piaget）演出Tanagra——「希臘女神舞劇」。舞台以希臘古劇場的柱型呈現，舞者以舞姿展現高貴雍容的氣質，配合動人的音樂，加上五星級飯店的服務，讓與會者彷彿身處古希臘神殿，體會貴族生活般的氣氛。

或許有人會質疑：公關人員是否過於市儈？藝術活動純然是服務了商業目的，會不會被人批評？其實，企業與藝術之間的關係，可說是魚幫水，水幫魚，對於企業來說，善用藝術表演可贏得口碑，提升企業形象或宣傳產品，何樂而不爲？對藝術表演團體來說，他們也需要走出自我，開拓多元化的表演「舞台」，尋求更多的曝光與知名度，建立一套足以存活的模式。換言之，只要贊助單位給予充分的信任與尊重，仍可以建立愉快的合作模式。

另一個結合藝術的公關活動，是保養品廠牌妮維亞推出新產品，以形象年輕化爲主題的個案。公關公司邀請舞者俞秀卿演出，透過與多媒體結合之展現，亦達成很好的宣傳效果。上述例子，都是爲了新產品上市而作的短期宣傳活動。在台灣的公關公司，平時所承攬的業務，至少有半數以上在協助推廣新產品上市，也就是扮演「行銷公關」的角色。對客户來說，運用一些藝術表演的元素，將新產品成功的推銷出去，或許就可到此爲止。可是，對於有心推動藝文話題的公關人來說，仍應有協助「企業或政府長期深耕藝術」的願景。

第3話
藝術、文化與公關

如何深耕呢？舉例來說，在德國，有一個城市的市政府舉辦競圖活動，競圖主題目標是馬路上的公車站牌、垃圾桶等設計。有一家工作室參與競圖，租了很大的空地，將之整理成一個假想的社區，就像建築師在作模型一樣，將設計的產品，以實物一比一的比例，直接裝設在現場。

正式比稿時，設計師與提案人員就直接領著客戶與評審，在模擬社區中親身體驗設計品的呈現。尤有甚者，他們還請了一組肢體藝術家，透過舞蹈表演的方式，來示範使用這些設施。頓時，整個空間成了環境劇場，原本平淡的市招設計成為豐富的藝術演出。類似的提案概念，對劇場人來說，或許司空見慣，然而，由非劇場藝術界的人士看來，這卻是萬般新奇的。

另一個案例，也是在國外，有一名資深的企劃者，召集了藝術家和網頁設計者，組了間公關公司。他們經手的個案，是舉辦公元兩千年的萬國博覽會。通常萬國博覽會的主辦國在規劃時，就會選定一個有發展潛力的地區，進行打造夢想城鎮的活動。所以公關業務已經不限於宣傳、媒體等事務，而是結合了多媒體、藝術設計、建築等多重創意，規劃更複雜的方案並付諸實行。

台灣並不是沒有多元結合的大型公關案。以筆者曾承接的「太平洋銥計畫」爲例，主軸爲推動衛星行動電話之使用，這是一個需要統合國際性事務才能執行的案子。筆者的構想類似於日本台的「黃金傳說」劇情設計，與可能參加的社會菁英份子溝通（例如YPO成員）：他們得向自我的極限挑戰。參與者從世界各地出發，進行資源極其有限的自助旅遊，非必要時，不准跟任何人聯絡，參賽者只有在最危急的時候，才可以用衛星電話去求助【註一】。

在規劃的過程中，公關人員鎖定了全球有七個普通的行動電話完全不通的地方，包括雨林、沙漠、高山等，這樣推動衛星電話的「銥計畫」才能彰顯其意義。雖然公關公司已經想好了負責轉播的媒體伙伴，也已計劃好將活動所得的款項捐給紅十字會，但活動籌備了六個月，很可惜地，因爲銥計畫在國際層次被喊停，我們精心策劃的公關活動也隨之中斷。

數大未必美

或許有人會問，台灣是不是因為地窄，人口也不上某些大國多，所以無法設計一些大規模、國際性的活動？事實上，問題的核心或許不在物博地大或人口多，而是贊助與設計觀念的問題。台灣也有一些勇於向金氏記錄挑戰的大型活動，例如每年夏天的「萬人橫渡日月潭」游泳活動。但是數大未必美，公關人需注意，大型活動除了氣勢之外，也應注意其活動的「意義」為何？一大群人綁著浮球在日月潭上游泳，除了營造氣勢之外，還可留下什麼？

筆者曾經看到相關報導：中國有意在長城上舉辦爵士音樂節。乍看之下，在古蹟之上進行藝文活動表演，似乎相當有吸引力，但仔細審視其構想，卻是大有問題。因為主辦單位要安排一千個爵士樂手，在長城上面同時演奏！首先，主辦單位哪裡找來這麼多知名樂手？可想而知有部分樂手的演出水準絕對有問題，再者，「一千名樂手同時演出」？可能就是製造一些噪音，和混亂的場面罷了！

公關的夢想在於挑戰極限，是創意的極限，而不是數目的極限。

公關人、企業主、表演者都會一致同意，一場好的藝術表演，是可被瞭解與欣賞的，在這前提下，原先的商業目標才能被達成。聽眾在長城上聽爵士樂，第一重點應是音樂，長城只是烘托氣氛。八○年代末，當台灣經濟處於強勢時，贊助廠商曾請全球最頂尖的藍調樂手來訪，爲其產品造勢。活動的流程是先請各界名流餐敘，再安排活動表演。遺憾的是，來賓在用餐後紛紛離席，讓音樂家非常難過，對台灣聽眾的水平產生惡感。經過了這麼多年，經過有心人默默耕耘，台灣欣賞藝術的素養已經逐漸提升，但公關人如何運用藝術創意，如何在藝術團體和企業之間建立一道橋樑，仍然值得努力。

▼聆聽世界的聲音：台灣世界音樂節個案▲

「台灣世界音樂節」是一個舉辦過兩屆的國際性音樂會活動，公元兩千年首屆台

灣世界音樂節的原始構想，是希望以多組的國內外世界音樂歌手互相搭配，在台北市國父紀念館作連續性的演出。

爲什麼要選擇世界音樂，而不是其他音樂呢？負責籌劃的台北市藝術推廣協會執行長陳琪指出，世界音樂是一種可以表現民族特色，又能呈現世界觀，和現代音樂發展接軌的樂風，在歐、美已經蔚爲風潮，近年來在國外各地的觀光活動中，成爲主流的角色。由於世界音樂包羅萬象，不同國家的樂風深具在地特色，不但引起當地樂迷的共鳴，也能帶動觀光人潮。

「台灣世界音樂節」主要目標是在台北市推廣世界音樂，讓更多的人認識這一類型的音樂。對籌辦單位來說，如何說服企業贊助，並帶動觀賞人潮，實爲一大挑戰。雖然世界音樂在國外廣受歡迎，但對台灣聽眾來說，它仍是一個相當陌生的名詞，所以「台灣世界音樂節」的音樂會預售狀況並不理想。

由於台灣消費藝術的行爲仍不普遍，在預售票銷售情形不理想的情形下，主辦單位趕緊退租演出場地。原先「付費欣賞藝術」的概念，必須加以調整，轉而爭取企業出資贊助，舉辦免費的露天演唱會。這時，企劃者的角色，就從「推銷門票」，轉而「說服企業」。

如何說服企業願意拿出錢來贊助一個看似無直接效益的活動，確實是一大學問。許多公關人由於害怕失去客戶，因而對於客戶既有的思維照單全收，卻忽略了「溝通」與「說服」的重要性。害怕失去客戶，無法眞正讓客戶見識到自身的專業能力，只會失去更多的客戶。

公關公司要以專業創造自我價值，扮演藝術團體與企業之間的仲介角色。一方面推銷藝術團體，另一方面讓企業體察到贊助的利益之所在。

對企業來說，贊助藝術活動不僅可以增加企業知名度，塑造企業良好的形象，也可以在活動舉辦期間，藉由請參與者填問卷或資料的方式，蒐集或調查企業的潛在消費者。再者，目前消費者對於購買產品之品牌形象十分重視，根據國外的「普羅馬」（Promar）調查顯示，有25%到30%的受訪消費者指出，如果他們並不認同製造該產品的企業之所作所爲（例如：不環保、有弊案、違反公平交易），他們寧願改變自己的購買行爲，也不願選擇認同該企業與產品。足證「企業形象」與「品牌形象」連結的重要性。

誠如前述，世界音樂是一種兼具民族特色、世界觀與現代感的新時代音樂風，其靈感的素材往往來自各地的民族傳統樂音，卻又因創作、演出者生活在資訊與文化幾乎無阻隔的地球村，於是巧妙而自在地呈現出一種開放的世界語言，傳遞給人們一種遼闊而豐富的空間想像。如此具創意的音樂類型，若是能有企業贊助，既可以豐富台灣的藝文環境，又可以增強參與者對於贊助企業的正面形象，達成雙贏的效果。

在籌辦單位的努力下，由傳銷業者「克緹」企業贊助了兩屆的台灣世界音樂節，綜觀這兩次的音樂節活動，從第一屆在台北市政府廣場前的千人觀眾規模，到第二屆在大安森林公園創造了數萬人潮，不但成效卓著，觀眾的成長量也頗爲驚人。從公關的角度來看，「台灣世界音樂節」有幾項重要的意涵：

△透過籌辦單位的努力，「台灣世界音樂節」打破了大眾對於「世界音樂」的刻板印象。「世界音樂」不是「原始」、「粗糙」的，非洲並不只有鼓樂，拉丁美洲也不見得一定熱情浪漫，透過音樂節，觀眾以親身參與的方式，接觸了音樂創作無限的可能性。

△「台灣世界音樂節」考驗藝術推廣者的公關智慧，與追求創意的極限。從一開始預售票狀況不佳，到調整場地、爭取贊助，將危機化為轉機，終究獲得最後的成功。

△「台灣世界音樂節」的籌辦單位善於公關、媒體宣傳，利用極為有限的資源，創造出令人驚豔的活動成果：為台灣人打開音樂的另一扇窗。

△「台灣世界音樂節」除了達成藝術推廣方面的成果，也帶出了人文關懷。就如同「大大樹音樂圖像」製作人鍾適芳所言，由於現代錄音科技的進步，音樂取材容易，錄音室的鍵紐可以輕易地推至幾千里

外的熱帶雨林，投機者往往忽略「借用」音樂素材的法律及道德問題。透過世界音樂會的表演，大家可正視智慧財產權與版稅的問題，並培養對於人與文化尊重的觀念。

△「台灣世界音樂節」善用名人背書，藉著副總統出席音樂會的機會，讓更多人注意此項活動，從而擴大宣傳效益。

△「台灣世界音樂節」刺激了更多的音樂活動，讓各式音樂都有表演的機會，如以本土年輕創作樂團為主的「海洋音樂祭」、在淡水舉行的「左岸爵士音樂節」、中正兩廳院舉行的「夏日爵士音樂節」，以及台中市文化局的「爵士音樂節」……等，音樂節已經成為台灣藝術活動的固定場景。

最後，對於藝術表演或創作者，我們誠心建議，如果直接向企業爭取贊助時，一定要有基本的公關與行銷訓練，並對捐款的機制有基本掌握。畢竟企業在商言商，任何爭取贊助的提案，仍應扣準企業的利益，以大量的成功案例作爲爭取贊助的證據。再者，台灣某些慈善機構經費常是源源不絕，爲何與民眾心靈品質提升息息相關的藝術活動，往往經費是捉襟見肘呢？國外已經有諸多成功的案例，企業家贊助自己醉心的藝術項目，這不但可彰顯其修養與愛好，也可以是一種社會回饋。

【註二】

此一公關案屬國際性的執行規模，原始構想由美國的博雅公關公司（Burson-Marsteller）提出，經由其他國際型公關公司比稿後，決定執行單位。此一執行模式，需要國際公關公司各地的分公司，或是地區性的合作夥伴公關公司共同合作，針對原始構想延展出可行的地區計畫。

大型活動的舉辦

對公關人來說，舉辦記者會、產品造勢、安排參訪等，都是平時工作一定會接觸到的活動事務，並不陌生。然而，當公關人所負責的活動規模擴充爲國際型，參與者與觀眾動輒在一千甚或萬人以上，「如何舉行大型活動」，營造活動的熱鬧氣氛、彰顯活動意義與價值、並兼顧參與者的安全等，實爲公關人的一大挑戰！

本單元將以兩個成功的大型活動個案爲例，說明其中的操作步驟與細節，這兩個案例分別爲：

- **第六十一屆美洲旅遊協會（ASTA）台北年會：這是一個大型國際會議如何造勢成功的案例。**
- **第一至四屆台北縣石門鄉國際風箏節：這是一個大型的國際性藝術表演活動，主要目標為推動觀光休閒、社區營造、風箏活動、國民外交等。**

我們將透過這兩個案例，從公關的角度出發，解釋舉辦大型活動時應考量的面向與執行細節。第一個個案將詳細說明現場活動之控管、媒體關係和遊說企業贊助之過程，第二個個案則以大型戶外活動為例，說明如何選擇場地、掌握活動主題、並居間協調相關單位，最後則說明大型活動的效益延展性。

兩個個案皆與「觀光」主題相關，但仍有不同之處；歷年來ASTA年會只在台北市舉行過一次，因此執行單位特別著重媒體造勢和活動宣傳，但國際風箏節則是台灣北海岸每年一度的盛會，且已經連續舉辦四年，因此執行單位對於活動主題之掌握、經驗傳承和活動後續的延展性較為重視。

成功個案探討：第六十一屆美洲旅遊協會(ASTA)台北年會

一九九一年，ASTA（The American Society of Travel Agents，中譯為「美洲旅遊協會」）【註一】年會在台北舉辦，來自全世界的四千兩百名的嘉賓共赴盛會。這個年會也首創先例，由觀光局以公開比稿的方式遴選公關公司協助籌辦。當時筆者服務的創勢公關公司營運時間還不到一年，在比稿時遇到專職旅遊界的強勁對手，在外界並不看好的情況下，爭取到爲觀光局進行籌辦ASTA台北年會的機會。此個案從企畫、執行到結案，歷時半年，由筆者服務的公關公司和錫安旅行社一手包辦，在會議接待的部分，則由實踐、銘傳……等大學派學生支援。

究竟我們是如何勝出？公關人員在比稿時，一定要秉持「三心」精神，其訣竅爲：「有心」、「用心」、「細心」。「有心」指的是瞭解客户的需求，確立清楚的公關目標與規劃方向；「用心」指的是全力以赴，不拘泥於現有的窠臼，求新求突破；「細心」則是凡事照顧細節，幫客户設想所有的規劃與執行環節。

針對此次年會，我們抱著「三心」精神，提出超越了客户原先要求的完整企劃案，相信任何一個業主都會想試一下。碰巧，客户（觀光局的承辦單位）也是願意嘗試新事務者。除了創意十足的活動企劃，我們還承諾協助觀光局募款，爭取贊助，擴大可運用資源，讓活動更加盡善盡美。

大型活動規劃與執行的步驟

大型活動的規劃與執行，可分爲七個步驟，分別爲：

- 瞭解客户的需求，勤作功課後提出規劃大方向。
- 訂定活動項目。
- 規劃活動細節。
- 確定前三步驟無誤後，爭取企業贊助，整合資源。
- 制訂活動執行準則（準備檢查清單，逐一確認）。
- 規劃危機處理方案（或替代方案）。
- 媒體宣傳措施之配合。

我們用下圖來顯示大型活動規劃與執行的流程：

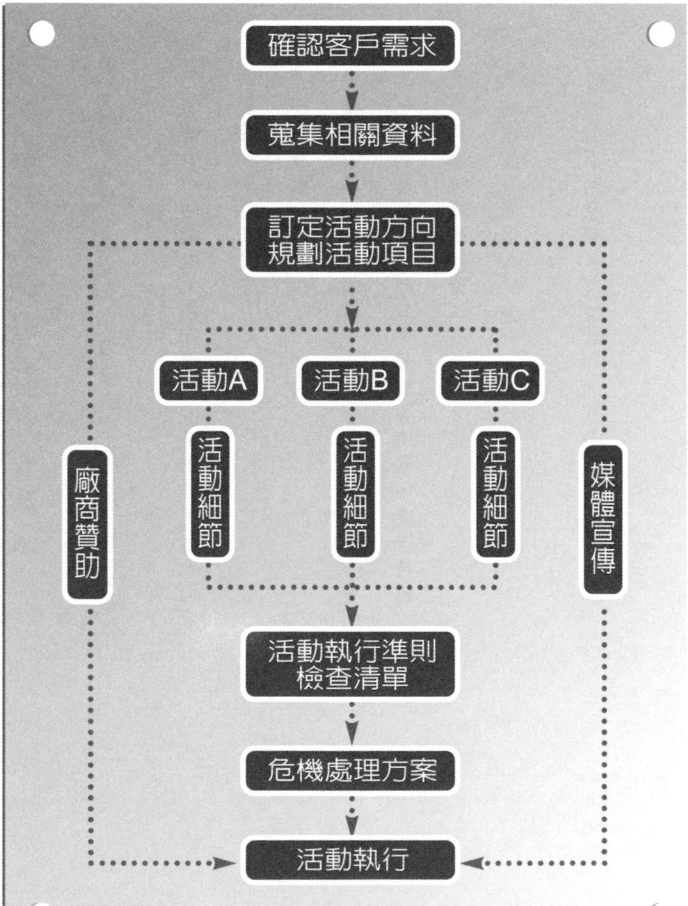

大型活動規劃與執行流程圖

第4話

大型活動的舉辦

第一個步驟，是針對客户之需求，提出規劃的大方向，例如以ASTA個案爲例，客户可能有的需求包括「與國際旅遊產業進行交流」、「讓國人知道有此一大型活動」、「透過此一活動振興國內觀光產業」等。在尋求公關公司提供的服務時，客户已經針對不同的目標對象，擬定了客户需求規劃說明書（又稱RFP，英文全名爲requests for proposal）。客户需求講得是否精準，是大型活動是否能夠辦得成功的關鍵。如同政府進行採購一樣，唯有向廠商精確地說明採購項目的規格，廠商才能提供適合的建議。

無可否認的是，有些RFP會發生弊案，比如說綁標。綁標就是當業主心中已預設得標廠商，透過「資格限定」的方式，內定特定對象爲爲合格廠商。RFP要訂得多細，留多少空間讓經手人員發揮，可說是一大學問。當RFP的規範太細時，RFP根本就等同活動執行書。如果客户連辦活動的帳棚顏色都規定好了，那就不是需求規劃說明書，而是「活動執行規定書」了！好的企業承辦人員應當負擔前置作業的部分，確定需求，與主管充分溝通，取得授權，將之控制在提供適當架構，又給予公關公司空間發揮的範圍內。

大型活動執行與規劃的第二步是：訂定活動項目。在ASTA台北年會的個案中，開場的「文化之夜」的目標對象爲與會外賓，屬於主辦單位與外賓交流的活動，「馬車捐贈儀式」則爲外圍的媒體造勢活動，以加強媒體曝光的方式讓國人瞭解此一年會的重要性與意義。「創意牌樓名家創作設計」則爲建立台北市街景的藝術特色，若能付諸執行，則可間接刺激觀光業。接下來的第三步驟，則是針對這些活動的細節作規劃，將活動執行的未知風險降至最低。

第四個步驟，則是以完整的企劃書向企業遊說，遊說企業贊助，共襄盛舉，讓主辦單位與贊助單位共同創造活動之雙贏效果。贊助的內容不但包括物資，也包括智慧、創意。以承辦ASTA台北年會爲例，除了與旅遊業直接相關的旅行社與飯店提供贊助外，我們爭取到的贊助廠商有：酒商人頭馬（Remy Martin）、犁田、犁舍、犁坊等連鎖餐飲業者（犁字開頭的餐飲連鎖集團）等廠商。爲了營造話題，我們也曾就ASTA台北年會主辦單位觀光局規劃的的馬車標誌，邀請視康公司贊助六十六萬元，由導演王童按孔子當年周遊列國的馬車圖樣，製作了一輛眞正的仿古馬車。

視康公司捐贈馬車，犁字連鎖餐飲業提供餐飲贊助，知名的建築師、設計師也貢獻所長，用創意來協助大型活動造勢（詳見以下第七步驟之說明），可說是資源整合的佳例。

第五個步驟，則是確立活動執行準則，並檢查其環節。公關人可根據過往曾經執行過的活動經驗，擬定檢查清單（checklist），將檢查項目逐一列出，此舉將可有效降低判斷錯誤的機率，並確保活動執行狀況無誤。即使發現異狀，掌握狀況的速率也會增加，也可有效解決突發狀況。

第六個步驟是規劃危機處理方案。若是首度經手的活動個案，在缺乏先前的經驗下，就必須模擬危機狀況，針對每一環節可能發生的問題，沙盤推演，尋求解決之道。ASTA台北年會屬於官方支援的活動，若眞的有危機發生時，尋求政府協助自然較爲便利。若是舉辦民間活動時，仍應爭取官方或一些非營利性機構的支援，將執行活動的風險降至最低。

在檢查活動環節的過程中，若有些活動是戶外舉行，則一定要有雨天備案。此外，活動開演前後若發生問題，一定要迅速做好危機處理。舉凡找塑膠布、隔離前、後場，劃分禁區等，都要在短時間內解決。

正式活動開演前的暖場活動，除了炒熱氣氛外，也是修補主角遲到等臨時出差錯的重要策略。有時候，伴唱帶臨時出狀況，或是現場音響系統相衝，導致主角提供的帶子無法播放時，也必須立刻抽換音樂帶，務必讓活動能順利進行。

活動最怕的是場子冷清，這會導致難以向贊助商交代的尷尬場面。公關人應當知道如何「動員」，判斷何時是動員樁腳的時機，這有賴主辦人自學生時代辦活動以來的敏銳度與經驗。如果承辦的是演唱會，可以事前與附近的學校打招呼，讓學生前往觀賞，或是事前準備好促銷包、傳單等，派人分發，善用宣傳管道等，都是必要的工作項目。

第七個步驟，是媒體宣傳措施之配合，例如規劃話題、召開記者會等。每日向採訪記者舉行會報，向國際媒體發稿，是大型的國際活動時，公關人必定面臨的任

第4話
大型活動的舉辦

務。舉例來說，由於是大型國際會議，新聞發布要特別注意雙語問題，如外國新聞通訊社必然需要英文新聞稿的協助。會議現場則定期有新聞或活動（包含當日流程、主講者背景資料、主題相關資訊）資訊之發佈，如今舉辦各型會議，現場提供電子化的資料（電腦檔案、光碟、提供網路連線傳輸服務）絕不可少。

除此之外，設置新聞聯絡室，針對負責接待的大專學生進行禮儀訓練，也都是公關公司在承辦時大型活動時，不可或缺的項目。

舉辦大型活動的宣傳事務，除了每日固定舉行的記者會報之外，營造新聞話題也相當重要。針對此次的國際性會議，爲了與旅遊主題互相搭配，筆者與公關公司的工作同仁推出了「創意牌樓名家創作設計」活動，邀請十位知名的建築設計師，如黃永洪、杜文正、姚仁祿、季鐵生等人共同參與「創意牌樓」設計工作，立意在運用具有節慶特質的牌樓，重塑台北市容新形象，並帶動往後一連串國家慶典牌樓的更新。

雖然設計時間較爲緊迫，但受邀的建築師或設計師仍然相當配合，將模型做出來，公諸於世後，引發媒體藝文版非常熱烈的話題。很可惜的是，主辦單位雖然認同公關公司提出來的構想，但經費不允許，只能將之視爲一個遠程目標。設計師對於自我的作品無法落實，雖然感到遺憾，但也表示，希望未來還有機會能參與市容設計，讓創意牌樓能眞正矗立於台北街頭，協助打造美麗的新台北城。

由ASTA年會籌備中心提供筆者服務的公關公司每個月三十萬的公關服務費用，再加上贊助廠商提供的資源，對當時仍是小公司的公關團隊，產生極大的鼓舞，也因此能充分發揮所長，盡情揮灑創意。

▼美洲旅遊協會台北年會的執行細節▲

回顧ASTA台北年會之個案，我們可以發現，大型活動在舉辦前，從場地、時間、邀請等，均需要細膩的籌備與規劃。身爲客户的觀光局在這方面相當有經驗，當時與公關公司聯絡的窗口，是由曾經擔任觀光局組長，現任台北市政府都發局副

第4話 大型活動的舉辦

局長的脫宗華先生負責。由於客戶給予充分的信任，公關公司才有機會深入參與，創造雙贏的局面。此一年會的執行，在筆者心目中，已經打造了在台北執行大型國際性活動的基礎，開拓了一個堪稱典範的執行模式。

如何有效部署公關人周邊的人力、物力配置，靈敏地挖掘可供運用的潛在資源，是公關人在籌辦大型活動時，首先要面臨的挑戰。自ASTA台北年會第一天開始，觀光局與我們共同規劃的歡迎酒會「文化之夜」，就以活動場地國際會議中心爲思考重點。我們利用國際會議中心的建築設計特色，從室內到室外，分層設計活動，安排諸如中國的獅陣、原住民的豐年祭等集各項民族特色的舞蹈，讓外賓蒞臨台北之初，就能欣賞具特色的藝術團體表演，體驗一下台灣的文化風情。

「文化之夜」活動的設計構想，在於充分展現台灣作爲一個海島的文化包容與開放性，所以先安排南北獅陣揭開活動序幕，接下來以台南學甲的高蹺陣、台北蘆洲的車鼓陣、阿里山鄒族的長老率領族人演出祈豐年舞，讓會議中心外的噴水廣場熱鬧非凡，無視於當時天上飄著細雨，在場觀眾萬頭鑽動。

接待四千多位與會貴賓，需要事先完善規劃與安排流程。從來賓入境後就要開始規劃他們的用餐、住宿、旅遊等問題，每一個環節都需要仔細確認。在責任分工方面，由錫安旅行社負責會議本身，而我們專職公關業務。然而，諸如來賓通關的問題、協助承租遊覽車、在活動舉辦之前先向管區派出所報備等，也需彼此互相配合。

其他細節，包括邀請廠商贊助印有「歡迎」字樣的旗幟，接洽公園與路燈管理處，申請實際旗幟掛置事宜等，也都是公關經手的範疇。更何況當時的台灣很少舉行大型國際活動，在缺乏前例的情形下，我們必須自行克服障礙，包括與管區打招呼、接洽環保局人員協調清運垃圾、在各地設立救護站等，透過錯誤與嘗試，逐漸建立活動執行的標準流程。

▼大型活動中的危機應變▲

關於ASTA台北年會另一個宣傳高潮是「仿古馬車」的捐贈儀式，是爲年會開幕前的造勢活動，在舊市府前舉行。沒想到這時發生了一個突如其來的危機。

當現場所有的來賓都已經到場，負責拖馬車的馬兒也很早就運至現場，司儀已經將活動現場炒熱時，卻遲遲等不到原先設計的主秀道具——馬車。原來是載運馬車的大卡車在路上爆胎了。

當時的市長黃大洲、所有的市政記者、大會主席和來賓們早已就位。由於筆者是當天的司儀兼主持人，眼見活動就要開始，馬車遲遲無法現身，等待時間的冗長，記者已經漸露不耐之色，眼看一場公關的災難馬上要發生，筆者靈機一動，立刻握住麥克風，大喊「馬到成功！ASTA大會順利成功！敬請掌聲鼓勵！」

在馬車未來的前提下，而活動仍得繼續舉行時，就必須臨時應變！所以黃前市長和ASTA的主席，就依照司儀的意思，在「馬到成功」的口號及掌聲下，很高興地跨上馬兒，成功地讓記者獵取鏡頭。當下筆者也立刻壓下原先提及馬車的新聞稿，對外宣布兩匹馬象徵ASTA年會「馬到成功」。

負責捕捉畫面的攝影記者，對此一變通後的設計相當滿意。不過，正當所有記者準備離開之時，馬車終於趕運至現場。筆者於是以驚喜的聲調宣布，「這是更大的驚喜，象徵ASTA的馬車正駛入會場！」翻開第二天的新聞報導，造勢活動可以說是成功的，因爲新聞報導說：此項活動被精心設計成兩階段，製造了懸疑和驚奇的效果。

接下來，我們將針對活動規劃中的「選擇活動主持人」與「活動創意」，提出一些看法。

▼活動規劃注意事項之一：慎選主持人▲

如何排定適合的活動主持人，是需要公關人細心規劃的。有時候，邀請不對的主持人，對產品瞭解有限，頻頻出錯、放砲，不但容易招致媒體與大眾的批評，也浪費了客戶的預算。知名的搖滾樂團「五月天」剛出道時，筆者剛好在西門町恭逢其盛，當時主持演唱會的是某知名電台主持人，由於必須主持多場活動，在活動尚未結束前，就找了個理由離開。這不禁令筆者想問：他真的適合主持這場演唱會嗎？

訓練活動主持人是公關的工作。公關人員事前必須對主持人作活動與主題簡報，並且設計必須遵守的指導原則，要求其務必遵守。主持人若是記憶力不好，公關人員也需要幫忙準備小抄，以防萬一。倘若主持人突槌，擔任前台觀察者的公關人要立刻趨前或傳紙條，立即中止危機或彌補問題。這和「文化、藝術與公共關係」單元中提到的戲劇概念相似：公關活動如同一齣戲，每場戲都會安排提詞人。

好的主持人對活動的加分效果是值得肯定的。他們透過急智與即興問答，有辦法不斷將談話內容與產品作結合，作適度的「置入性行銷」。因此公關人員在選擇活動主持人時，不妨將主持人「置入性行銷」的功力列入考量標準。

▼活動規劃注意事項之二：聳動的點子不等於好創意▲

或許有人會問：針對大型活動，造勢宣傳的創意如何發想？而這些宣傳活動，又如何與品牌、企業形象產生連結呢？

首先必須釐清的是，並不是用聳動、煽情或搞笑的方式炒作新聞話題，就必定可以帶動產品銷售或增強宣傳效益。電視新聞常見許多店鋪的開幕典禮請鋼管女郎大跳清涼秀，或是將產品鑲成一件暴露的衣服，讓模特兒試穿，乍看之下似乎很有話題性，可是穿著清涼的女郎與商家銷售的產品有何連結？透過聳動的表演，消費者就會被說服該項產品值得購買？

若是運動球鞋廠商舉辦大規模的蜈蚣競走，或許仍與產品有關，但如果公關人爲球鞋產品提一個飛行表演活動，就顯得十分奇怪。當然，公關人也可以「硬凹」，提案讓飛機在天空畫出廠商的LOGO，創造相關性。但是畫出這個LOGO之後，如何確保這樣的活動，可以產生後續的話題呢？

政治大學廣告系開設之「公關策略與企劃」課程，曾有一組學生替一家重新換主裝潢的書店規劃公關形象案。他們的企劃點子是「轉書大賽」，創意源自高中生等公車時常因無聊而轉課本的經驗。學生才剛提出，就被質疑其有效性。執行後雖然「笑」果極佳，除了製造一些圍觀人潮外，並不能眞正帶動書店的消費，與該書店的形象是否提升，也無太多關係。倒是由於書店老闆主動修繕了外圍的硬體設施，解決了消費者的動線問題，再加上大幅度的降價折扣，才帶動了書店人潮與消費。

公關人絕不可以舉辦招致反效果，讓業主成爲笑柄的活動。外電曾報導，有一家圖書館爲了提高民眾借書率，以宣稱書中夾百元美金紙鈔的方式，鼓勵民眾來「借書發財」。其結果是，圖書館固然湧入大量人潮，但每一個人都是衝著錢財而來，瘋狂的爭先恐後，自架上取書，翻折書籍尋寶，造成圖書館空前的浩劫。這樣的活動不但沒有效，還造成書籍損壞，絲毫沒有達成原先設定的目標：「鼓勵借書，讀好書」。

▼成功個案探討：第一至四屆台北縣石門鄉國際風筝節▲

近十餘年來，台灣政府與民間積極推動「社區總體營造」。台灣一共有三百一十九個鄉，每一個鄉若是能積極推展一個特色，不但可幫助該地區產業轉型，更可匯聚觀光資源，重新打造城鄉面貌，甚至透過具特色的推廣活動，拓展台灣在國際間的知名度。這些都需要專業公關人員參與和規劃。

「國際風箏節」是一個由台北縣政府、石門鄉公所主辦，中華民國風箏推廣協會執行的大型國際活動。對主辦單位來說，積極規劃具特色的活動，正是爲了響應「三一九鄉、一鄉一特色」的口號。與鄰近的台北市相較，台北縣雖然幅員廣大，人口眾多，但整體資源配置反而不若前者，在舉辦大型國際活動的條件上自然比不上台北市，更需要承辦單位下苦工，長期耕耘，才能達成相似的活動效益。由於台北縣石門鄉一年四季都擁有充足的風力資源，所以便鎖定石門社區，進行風箏推廣和活動。

對執行單位而言，舉辦「國際風箏節」，透過放風箏的表演和競賽，不但可提倡運動休閒，更可彰顯各國的風箏文化和藝術之特色。從公關規劃層面來說，透過舉辦大型國際活動的方式，訓練自我進行不同部門之間的協調整合，可說是非常具挑

國際風箏節

戰性的任務。

然而，舉辦「國際風箏節」，牽涉到許多辦好活動的環節，負責執行的中華民國風箏推廣協會首先就面臨了兩大問題：一是如何找好場地，確保場地適合放風箏，安全無虞？二是如何定義「風箏」，並瞭解各式各樣的風箏玩法？

▼克服找場地的問題▲

單就找場地問題，就必須作謹慎考量。一般而言，放風箏的限制非常多。台灣地窄人稠，靠近都會地區的大型空地都因爲有航道經過而設高度限制，而設限高的場地是無法進行風箏活動的。放風箏還要考慮避開電線桿、地平不平、樹木高度是否構成阻擋……等問題。此外，如同許多大規模的户外活動，放風箏必須看天吃飯。若是刮颱風、下大雨，在天候不允許的狀況下，也無法放風箏。由於四屆風箏節的活動場地都是白沙灣，主辦單位也得解決爲舉辦風箏節而隔出來的空間夠不夠

第4話

大型活動的舉辦

大的問題。而既然場地選定沙灘，自然也必須要計算漲、退潮對場地的影響等。這時候，如何預先掌握活動（包括參賽者與觀眾）人數，事先取得氣候與潮汐的資料，都是不可或缺的。

除了天候因素之外，安全考量也十分重要。大部分人都會主觀地認爲：放風箏是小兒科，怎會有什麼安全問題？這是因爲大部分的人對於風箏的型態並不瞭解。以目前風箏節中備受歡迎的「科技風箏」爲例，由於講求速度，放風箏的速度非常快，它的鋼線甚至會有切斷旁觀者頭部的危險！而一般的單線風箏，輕盈飛躍天際，斜上青雲的同時，機車騎士或路過行人，根本不會注意到空中飛揚的細線，當然也就沒有做好安全措施，不懂得保持安全距離。因此，執行單位在舉辦類似的大型活動時，一定要從宣導教育著手，做好危機處理的準備，建立民眾正確的風險認知與自我保護的觀念。

公關人需自我充實，才能將活動辦好

再者，「風箏」究竟是什麼？活動籌辦者如何瞭解各式各樣的風箏玩法？這牽涉到公關人員藉由舉辦活動，自我充實知識的重要精神。其實，任何一個公關人都不是辦活動的全才。藝術、文化、體育等各種不同類型的活動，需要公關人下功夫去觀摩、實地瞭解、釐清觀念，瞭解辦活動的機會點與限制因素爲何，這樣才能充分掌握並發揮活動的特色。

對「國際風箏節」活動執行者，中華民國風箏協會秘書長吳盈慧而言，舉辦風箏節，可說是一個從零開始，從無到有的挑戰。爲了多瞭解風箏節在各地舉辦的情形，吳小姐以自費的方式到國外的風箏節現場觀摩。

公關人員爲了舉辦大型活動參訪其他成功案例，進行實地觀摩，好處包括：

- **可以評估同樣活動移至台灣舉行的適合度。**

- 透過各國風箏的表演，有效掌握該項活動推廣的最新動態。
- 善用「見面三分情」的原則，就近與各國選手建立友誼，並進一步邀請他們來台參與活動。
- 「他山之石，可以攻錯」，觀摩者可以第三者角色，客觀評估所觀摩之活動成敗，作為自己舉辦活動的參考。

吳小姐表示，當她第一次赴印尼參與當地舉辦的國際風箏節時，才發現朋友所推薦的「鬥風箏」活動，並不適合在台灣表演。原因在於「鬥風箏」講求的是技巧與速度，它並沒有一般風箏炫麗的視覺效果。再者，她第一次參與國際風箏活動時，尚未與選手和主辦單位建立關係，如何克服人生地不熟的障礙，取得對方的信任，甚至建立友誼，都是一大挑戰。由於吳小姐潛心觀摩，默默耕耘，積極參與國際風箏社群的活動，因此與選手建立了深厚的情誼。印尼之行讓吳小姐認識一位荷蘭選手，每年都會來台參加比賽。透過這位荷蘭選手的協助，執行單位得以邀請其他優秀的國外選手，進行風箏藝術的交流。此舉不但開啓了台灣與世界風箏界接軌的一扇窗，透過面對面的接觸，活動籌劃者才能開始慢慢掌握蒐集資訊的方法，從網際網路上了解風箏產業的國際互動。

事實上，不只是印尼，全世界各地如法國、美國、日本等，都有大型國際風箏節的活動。有些由國家主辦，有些則由當地的風箏組織或協會主辦。不同的國家，其風箏特色與創意走向均大不相同。

東南亞國家多以傳統竹子、紙、布等材質爲主，但造型色彩卻充滿民族特色以及生命力。日本則是以浮世繪及六角風箏著名，每個地方風箏的圖案均源自其歷史典故或事件。歐美則有非常專業的風箏，以高科技的碳纖維棒、降落傘布等材質，配上電腦設計的風洞流體試驗，所製造的風箏可大到有如大型民航機，一群人可以在風箏內散步。再者，歐美國家重視多媒體藝術，風箏表演往往有音樂與之搭配，配上燈光和特效創造多媒體的娛樂效果，亦大受歡迎。瞭解這些各有特色的世界風箏後，我們也不禁自問，台灣有什麼樣的風箏，可以代表自己呢？

第4話 大型活動的舉辦

▼掌握台灣的本土風箏特色▲

一般認爲，台灣的風箏源自一千多年前的中國，因爲發展較晚，直到清代才有關於風箏的記載，在台北城郊附近，每逢清明時節，以及重陽秋收之後，三重和大稻埕附近都有鬥風箏的習俗，當時常把錢貼在風箏上。施放者以靈巧的手法操控風箏，進行上升、下竄、左盤、右切相互纏鬥，被纏上甚至切斷者爲輸家，風箏上的錢就歸對方所有；這在當時是一種非常普遍的活動。

再者，早期台灣開拓十分艱難，環境惡劣，資源缺乏，而風箏自古向來有祈福的意義，甕則代表豐收，因此台灣早期曾開發出甕型的風箏也算是對應到當時的社會背景。可惜後來甕型風箏失傳。直到近期才又「復育」成功。

在舉辦「國際風箏節」之前，台灣的風箏特色雖然尚未廣爲人知，但在多位製作風箏的老師默默耕耘下，依舊保有一席之地。但很可惜，在層次上仍被局限爲「童玩」或「傳統技藝」。直到「國際風箏節」在台灣開始舉行之後，風箏推廣協會找出台灣的風箏可以向國際風箏界展示「傳統」、「在地」、「創新」等三個面向：

- 保存傳統，甕形風箏是台灣的特色，它代表了台灣傳統的庶民文化，也在某個意義上展示了石門自古為原住民平埔族、凱達格蘭族聚居之地的意涵。
- 結合石門鄉在地的地理特性，發展出具地方特色的魚型風箏，一方面取其童趣，二方面也因它的操控技巧頗有巧思，可吸引民眾興趣。
- 與國際同步，除了引進新型的科技風箏或室內風箏表演外，更加入新血將風箏藝術化，讓台灣風箏製作水平傲視國際舞台。

▼確定台灣「國際風箏節」的活動定位▲

舉辦大型國際活動，一方面要與國際潮流接軌，讓台灣觀眾看到最新的風箏表演，另一方面也要向國際選手展現具台灣特色的風箏文化。以中國大陸爲例，近幾年年來也舉辦風箏節活動。中國大陸雖然設置所謂的「世界風箏總會」，但組成成員有限，參與選手也僅限於來自邦交國，其活動定位偏向休閒、娛樂。對國際選手而言，參加的風箏節可分「休閒交流」、「展現實力」，兩者兼而有之等三類。執行單位將台灣的「國際風箏節」定位爲「展現實力」的活動。有幾項活動特質可彰顯台灣「國際風箏節」的實力：

- **充分展現台灣風箏製作的藝術質感與技巧水準。**
- **邀請頂級的國際知名選手，藉由高手之觀摩來提升活動水平。**
- **靈活設計活動項目，加強風箏設計者與民眾之間的互動關係。**

與其他國際風箏節不同的是，台灣的「國際風箏節」有放風箏的時間表。這是因爲活動目標不同。他國的國際風箏節，偏重的是同好之間的專業性交流，而台灣除了做好活動定位，凸顯放風箏的專業實力之外，仍需依照「一鄉一特色」原則，顧及鄉鎮推廣觀光目的，照顧媒體與大眾的利益。

▼如何克服「靠天吃飯」的困難？▲

對公關人來說，預先安排活動時程確實爲企劃之必備步驟。爲了配合媒體採訪，排定時程提供拍照機會，對風箏節的籌辦者而言，卻有配合上的問題。如同所有靠天吃飯的大型户外活動，「國際風箏節」不可能呼風喚雨，控制氣候，只能做好事先的溝通與準備，協助媒體降低拍攝的風險。於是，主辦單位鼓勵多組選手在風起時共同放飛，完成提供媒體畫面的任務。所以，執行單位會不時地提醒選手，有風時請盡量完成動作。如何適度地協調媒體與選手，讓雙方都能順利達成任務，實爲公關人一大任務。

然而，「鼓勵多組同時放飛」，仍然是治標不治本的作法。任何活動只要是靠天吃飯，似乎都不能逃脫受天候影響的宿命。這也就是後來「國際風箏節」的執行單位同時也以舉行「室內風箏」表演活動，來補足室外活動可能有的弱點。所謂「室內風箏」，就是以非常輕、薄的材質製作風箏，利用有技巧的拉扯來完成放飛的動作【註二】。

如何與客戶溝通、協調？

大型活動的成敗，與業主（客戶）是否從旁給予充分的支援和協助，有很大的關係。台灣的「國際風箏節」主辦單位爲台北縣政府文化局，由於局內承辦人員的高度投入，與執行單位彼此配合，讓活動從第一至第四屆，均達成了很好的效果。

然而，與執行單位「中華民國風箏推廣協會」對口的文化局承辦人員，仍不免因爲舉辦風箏節的關係，背負了很大的壓力。對政府單位來說，活動若辦得不成功，必定遭致媒體與民意代表痛批浪費公帑，但活動舉辦若是大受歡迎，仍然會因爲活動的成功導致下次角逐競標者眾，而有關說等困擾；對公部門而言爲求避嫌，有意無意會對原執行單位保持距離，甚至爲求「公平」，還刻意「稍微」打壓，以彰顯「公正」。承辦人員夾在中間，其辛苦可想而知。

凡此種種，都會連帶影響到下一屆的籌備工作，而活動是否舉辦順利，也與業主的行政協調能力與經驗是否傳承有關。比如說：負責執行活動的中華風箏協會，若邀請文化局的承辦人員去拜訪專業風箏製作老師，或是觀摩國外的風箏節，對口的承辦人員都會予以婉拒。這並非文化局人員不願意自我充實，而是依照現有的中央政府採購規定，在公開招標原則下無法考量專業，任何符合基本資格的廠商都可以來競爭活動執行權。若接受可能參與招標單位的招待或邀請，必然會被貼上圖利或勾結廠商的標籤。

業主的窗口承辦人員還有輪替的問題。就組織管理來說，由於舉辦風箏節的成功與口碑，承辦此項業務常被認爲是一項加分的業績，輪流指派似乎較爲「公平」。然而，承辦任何業務都需要經驗累積與傳承，更需要對於推廣事務的認知與專業性。對一般民間企業而言，指派最有經驗的承辦人員本屬常態，欲辦好活動，豈有不累積成功經驗，繼續合作的道理？然而，作爲業主的政府單位，在舉辦活動之前原本缺乏任何經驗，卻在經驗逐漸累積時，又爲了避免有利益輸送之嫌，或是基於行政利益考量，因而轉換承辦人員和代理商，或是對活動規格設下重重限制。

對公關人來說，行政協調是承辦政府委辦事務最需克服的功課。這是因爲政府的每一個單位管轄事務不一，自然有其本位考量，而公關人必須克服行政單位不同調的問題，甚至面臨行政單位先准後反悔的問題。以國際風箏節活動爲例，主辦是台北縣政府，承辦是石門鄉公所，舉行的白沙灣場地，主管機關又是觀光局北海岸及觀音山國家風景特定區管理處。三者間各有立場，但最後承擔後果的卻是執行單位，有時或許是事先協調作得不夠，或是主管單位認知不足，曾經發生過場地主管單位驅趕參與風箏節民眾的誤會。甚至發生「一地兩借」，將活動當天的場地重複借出的烏龍，在在都顯示行政單位之間橫向聯繫不足。

而這些問題，都需要公關人員針對客户的特質深入瞭解，在執行活動前多作功課，使活動能順利進行。當然，事後與客户一起檢討、溝通，可協助客户在未來舉行類似的活動時更進步。畢竟，許多活動如「國際風箏節」，都是以永續經營為目標，公關人如何克服困難，達成共識，甚至與客户一同成長，都需要努力與付出。

「國際風箏節」的效益回顧

大型活動沸沸揚揚，吸引了媒體與大眾的矚目，當活動風光地落幕了，它留下了什麼？它的活動效益在哪裡？

其實，從公關的角度而言，舉辦任何活動只是一種手段，最終的目標，仍在於改變現實，營造一個更好的生存環境。對企業而言，這意味著讓組織更具競爭力，使產品在市場中屹立不搖，對非營利組織來說，更好的生存環境，關係著組織或社群的永續生存。「國際風箏節」活動落幕後，更重要的任務，不是誇耀數萬名活動人潮，而是為了推廣風箏文化，並協助鄉鎮振興產業。

第4話 大型活動的舉辦

擁有充足風力資源的石門鄉，利用在地「多風」的特色，發展文化產業。在中華民國風箏推廣協會的協助與規劃下，持續辦理風箏製作班、導覽人才班等課程，推廣研習進修民俗工藝同時，也藉由培訓地方導覽人才，讓社區居民透過實際活動操作和工作參與，去追索、挖掘和重建關於自身和社區的共同記憶。

透過三屆國際風箏節的舉辦，來自十餘個國家，超過百位的國際選手，進入石門鄉，充分施展所長，讓國人大飽眼福之餘，也設下了良好的文化示範。對外地人來說，北海岸不再是個吃完富基漁港海產，戲遊白沙灣後，就可以轉身離開的地方。「國際風箏節」成功地說服當地居民，化解榮景不過是曇花一現的恐懼，這是因爲活動結束後，風箏文化在社區眞正地紮根落實。

公元兩千年九月，在石門鄉舉辦的第二屆國際風箏節，受到象神與納莉颱風毫不留情的侵襲。在風雨飄搖中，每一位選手有始有終，全程參與，在眾人不敢相信的眼光中，成功地完成放飛任務。那種不畏風雨的精神，令人難以忘懷。

然而，由於颱風肆虐，第二屆的「國際風箏節」即使平安落幕，觀光收益並不如預期，亦曾引發鄉民的責難。不過，對任何公關人而言，危機其實也是轉機，此一挫折也讓活動執行者有機會去思考，如何從根做起，眞正將風箏產業植入石門鄉，打造名符其實的風箏村，也就是在石門鄉進行社區總體營造工作！

眞正經營社區關心、凝聚共識需要長久投入與規劃良好的作法。風箏產業紮根計劃的第一階段，在爭取居民之認同。從拜訪社區意見領袖開始，清楚說明計劃的目標與執行方式，更有落實的課程資料、效益分析以及協會的聯絡電話。聯絡的方式打破了原先資訊流通不順暢所造成的困難。

第二階段針對石門各級學校，除了協會原先培養的石門國中特技風箏隊外，也利用當地已經紮根的鄉土教育作爲基礎，著手發展作爲石門生態導覽及風箏師資培訓班的基地。目前石門地區四個中小學都在協會的協助下陸續發展出其特色，作爲九年一貫教育的課程。

第三階段針對社區發展協會與鄉內機關社團。過往石門鄉內只有行政單位配合風箏活動，缺乏社區居民深度參與，導致活動成效缺乏延展性。由於農會漁會在當地擁有人力、會員、場地及經費等等通路與資源，所以透過與農漁會負責單位溝通，節省了場租、人力等花費，協會則提供農漁會會員新技藝的訓練課程，並導引人潮流入，成功達成雙贏局面。

社區營造風箏文化的計畫還包括：深入社區舉辦說明會，透過動態電腦多媒體影像展示各國風箏，激發社區居民共同造夢，建立願景。在社區開設風箏班，教作石門特色甕型和魚形風箏，藉由開創台灣手工風箏，讓風箏文化產業的夢想起飛。

二〇〇三年，石門社區總體營造的種子開始萌發出幼芽，由風箏推廣協會所輔導的石門在地觀光產業促進協會開始籌組，成員包括在地老師、當地店家、家庭主婦、鄉公所觀光課、農漁會代表，部分鄉代會代表和村長等，未來則以永續發展爲前提，把以前風箏推廣協會爲石門所做的努力延續下來，發揚光大。對風箏推廣協會而言，有石門觀光產業促進協會的成立，更能確保石門國際風箏節能紮根在石門，畢竟從一個由外部植入的大型活動，三年多來，藉由持續溝通說明、實際績效展現，一步一腳印在石門慢慢獲得鄉民認同，甚至成爲鄉民的驕傲。

從單一的大型活動到動員全社區參與，甚至收割活動的果實，落實於地方產業之中且持續經營，對公關專業人員而言，這不但是成就，更是專業的具體表現。

【註一】

ASTA是世界最大的旅遊專業協會。兩萬多名的會員包含了提供旅程、航遊、旅館、租車等服務的代理商與公司。ASTA的使命是：透過各種方式（包括：有效參與產業及公共事務，藉由教育與訓練，以及瞭解旅遊公眾的需求）來提高會員的專業和利益。

【註二】

顧名思義，「室內風箏」於室內放飛，不需要戶外自然風。然而，「室內風箏」使用的材質必須十分輕而薄，它還可以搭配音樂、燈光特效、道具與化妝，隨著劇情的鋪陳，樂曲的節奏，憑藉著放飛者的技巧，靈活的舞動。

媒體關係

凡是代表企業與媒體接觸的個人或公司，其負責的業務稱之爲「媒體關係」，而建立媒體關係主要是爲了幫助讓公司的正面消息見諸報端，塑造公司或產品良好形象，最後達成創造營收的目標。

這樣的目標看似簡單，然而，單單是爲了達成「讓消息曝光」，就牽涉了許多變數。公關人員在建立媒體關係的過程中，其操作手法與廣告大不相同。讓廣告曝光的方式是購買媒體的時段或版面，負責購買媒體的人只要依循一定的市場行情，視企業的需求與產品特性，依照收視率或閱讀率高低，花錢買受歡迎的媒體時段或版面，就可以刊出企業想要傳達的訊息。換言之，只要企業的預算充足，購買廣告只要掌握媒體的特色與產品之間的關聯即可，並不需要深究「媒體關係」的道理。

即使部分媒體會讓企業以購買廣告的方式換取新聞報導，但這種宣傳意味過於濃厚的新聞，不見得能夠帶來多大的效益。因爲大部分的讀者仍然對於新聞能提供的資訊價值有所期待，而新聞記者基於專業上的自我期許，也將新聞視爲「非賣品」。然而，公關人員與新聞記者之間仍然可以透過良好的溝通互動，讓有「價值」

的新聞稿曝光。

爲了建立媒體關係，一般而言，公關人員有兩種作法：

一、保持與媒體良好的關係

所謂「關係良好」，可分爲兩個層面，一是專業關係良好；公關人員可隨時提供媒體想知道的訊息，媒體工作者則對於公關人員所服務的企業或產業有專業瞭解，或是彼此對於某一則資訊的新聞價值有共識。二是私人情誼良好；公關人員可透過餐敘，或在特別的節日贈送小禮物給媒體工作人員，透過培養感情的方式建立關係。前者屬於檯面上「公事公辦」，後者則是「社交生活」的一部分，但兩者相輔相成，並不互相衝突。

媒體工作人員並不只有新聞記者或編輯。電視新聞工作人員從主播、編輯台、國際組譯稿、線上採訪記者、地方記者、節目製作小組、新聞部各級主管到特派員，平面媒體工作人員如主管、線上記者、副刊、專欄、活動組、資料組、大陸中心等，都是建立關係的對象。

筆者從事公關工作多年，就經驗而言，新聞從業人員可以和公關人員建立良好的互動關係，是因爲這層關係是互惠的。除了一般的宣傳業務往來之外，公關人仍可以就平日的新聞話題與記者溝通，雙方互通資訊，交換意見，並不一定要以「關係」取勝。部分公關人員只有在需要媒體報導時便狂call記者，讓新聞界朋友避之唯恐不及，就算可以讓公司有一兩次曝光，卻不算是建立了良好的媒體關係。

二、透過發新聞稿或辦記者會方式，使正面新聞上報

這可說是公關人員最常接觸的業務。此一業務包含寫稿、發稿、與記者聯絡與舉辦記者會等。至於如何抓住新聞重點（也就是新聞價值），如何規劃引人注目的新聞議題，本單元將有詳細的說明。

公關稿常犯的錯誤

為了慶祝XX銀行週年慶，XX銀行特別舉辦員工探視孤兒院活動。

XX百貨公司將於X月X日起進行特賣活動，A牌肥皂賣二十九元，B牌健身器一九九九元，C牌保養品五九九元。

XX軟體可以有效監測每一封包交換資料，其性能優越，達到YY軟體的三點五倍。

XX飯店讓您彷彿置身天堂，有賓至如歸的感受！

以上是媒體每天可能收到的企業公關稿（又稱：參考新聞稿）內容片段。內容不外乎：爲了提升企業形象而行善舉、告知促銷活動訊息、宣傳產品性能……等。如果公關人員以上述例子撰寫新聞稿，除非有通天本領，要不然不是被上司退稿，就是被新聞從業人員棄如敝屣！爲什麼？因爲以上舉的數例，都忽略了新聞稿的價值與目的。第一個例子中的企業公益活動了無新意，第二個例子則錯把塞在消費者信箱中的DM當成新聞，第三個例子並非以一般人慣用的語言寫作，宣稱的效果也不夠具體，欠缺實際說明，第四個則胡亂吹捧，也缺乏足夠的證據。

資深新聞從業人員沈征郎曾經在《實用新聞編採寫作》一書中，一針見血地指出，公關人員寫了新聞稿，卻不受媒體青睞的原因是：

- 自吹自擂，自我宣傳味道濃厚；
- 公關人員不瞭解新聞價值，對於新聞的認知與記者不同；
- 舊聞、老套；
- 缺乏對新聞寫作要領的認識。

▼讓訊息在媒體曝光▲

爲了讓企業的正面訊息成功地在媒體曝光，有幾種具體的作法：

一、掌握有絕對新聞價值的消息，不要被動接受媒體詢問

所謂有「絕對新聞價值」，指的是該則消息對於絕大部分的人有重大影響，媒體自然不應忽略。這就是爲何政府需要仰賴媒體宣導重大政策。例如：延遲繳稅時間、告知颱風動向等。當企業調整產品或服務收費，或是有攸關民生的新產品上市時，自然也吸引媒體報導。此時，爲了精準地傳遞訊息，公關人員應準備充分的資料，使記者在最短時間內，得到最充分易懂的訊息，以便進行報導的工作。

二、設計符合該媒體特性的消息

不同的媒體，其特性自有不同；電視媒體需要的訊息可能較爲簡潔，在視覺方面的要求強烈。報紙則分爲綜合、民生娛樂、工商等三類。綜合性報紙如《中國時報》、《自由時報》、《聯合報》等，對於重大新聞採取專題式的半版或全版報導，需要較爲詳細且符合一般社會大眾需求的資料。《民生報》注重民生消費新聞，如果有消費性產品問世，則公關人員應在新聞稿中強調該產品對於家庭、婦女或兒童

的好處是什麼？值得注意的是，大部分的觀眾或讀者，對於高科技產品的專業用語並不熟悉，公關人員應以淺顯易懂的語言，以更生活化的方式呈現產品訊息。

三、掌握訊息的時效性

新聞價值也包含「時效性」的概念，有些訊息稍縱即逝，公關人員若無法讓媒體在一定的時間點之前刊播，一旦過了時效，該則訊息就不具任何意義。例如：產品的特價訊息、服務的優惠方案、會在特定時間發作的電腦病毒等。

四、利用「新聞淡季」舉辦有價值的活動或發新聞稿

所謂「新聞淡季」，指的是一般人的「休閒旺季」，例如週末或連續假日等。通常新聞媒體採取輪休制度，只有主管級或資深記者才能在假日休假。普通記者仍得在週末或連續假期跑新聞。記者遇上連續假期時，較難找新聞。即使是可以休假的資深記者，也得在週末來臨之前，先預存一定的稿量，免得到了週末無稿可寫而

「開天窗」。此時公關人員應把握新聞淡季比較容易上報的機會，規劃有新聞價值的事件或活動，讓記者樂意報導。公關人員也應向媒體提供可以隨時聯絡的方式，讓彼此溝通的管道更順暢。

五、善用名人代言

近年來，許多產品發表記者會找名人出席代言的頻次比以往更多。這是因爲媒體競爭激烈，新聞越來越強調視覺與話題性。名人素來容易引起話題，當然也較爲容易獲得媒體青睞，有較佳的曝光效果。公關人員若選擇使用名人策略，可視產品特性來挑選代言人，不一定要邀請影視圈明星。許多知名企業的老闆白手起家，個性平易近人，或是經歷傲人，其言論被媒體視爲有市場的指標性作用。台灣自創品牌成功的電腦業老闆，往往也是該企業形象與產品的代言人，例如宏碁的施振榮常出席該公司的記者會，被媒體記者譽爲「超級大公關」。

六、展現「包裝」新聞的創意

在SARS疫情蔓延期間，許多企業的公關或產品宣傳活動被迫取消，而消費產業也一片低迷。乍看之下，公關人員似乎會因爲突如其來的危機而無計可施，可是公關人員若是能化危機爲轉機，也能規劃出漂亮的新聞點。例如：部分賣場趁此推廣線上郵購，壽險公司則推出特殊疾病險，健康食品業者則推出防SARS補品，成功地製造「企業如何應對SARS危機」新聞話題。新聞「包裝」好壞與否，端視公關人員的創意與應變能力。

▼新聞寫作須知▲

撰寫新聞稿是公關人員進入這一行的必備條件。這也就是爲什麼大部分的公關人員爲傳播（新聞、廣告）相關科系畢業，而某些企業也常會聘任資深新聞從業人員擔任公司的發言人。

如同公共關係一樣，新聞寫作也是一門專業學問。新聞相關科系的學生就讀大學四年期間，從「基礎採訪寫作」、「進階採訪寫作」、「雜誌編輯」到「報導文學寫作」等課程，每學期幾乎都有採訪與寫作方面的訓練。廣告科系學生在這方面的訓練較弱，通常只接受「媒介寫作」或「公關寫作」的訓練。而企管背景的學生可能專長於產業分析與數字管理，寫作與溝通的訓練較少。

具新聞訓練背景者雖然擅長新聞寫作，初入公關這一行時，對於撰寫企劃案可能較不熟悉。具廣告訓練背景者則恰好相反，在新聞寫作方面較弱，但由於在學校寫了四年的企劃書，有較多接觸不同產業的經驗，對於企劃書寫作較能抓住重點，兩者訓練各有所長。除了簡潔、通順這些一般性的原則外，公關人員在撰寫新聞稿時，應特別注意：

一、避免使用技術性字眼

公關人員若是服務於高科技企業，必定會出現大量的技術名詞或工程語言（通常爲外來用語）。這也就是爲何有些媒體闢「新聞辭典」專欄，以深入淺出的方式解釋新聞中專業名詞的意涵。若是某些專業術語已經廣爲大眾熟知，則在新聞稿中直接使用無妨（例如：寬頻、網際網路），但如果是較爲深奧的專有名詞（例如：bluetooth，指無線上網），公關人員不但要將之譯爲中文，也應該在新聞稿中以生活化或淺顯的語言介紹該名詞（如何以無線方式上網）。若是新聞稿篇幅不允許，則可以考慮將之放在「背景說明」的部分，以附件的方式附加於新聞稿，再傳送給新聞媒體。

二、認清發稿目標，避免自我中心，自吹自擂

公關人員固然拿老闆或客户的薪水做事，但在撰寫新聞稿時，仍應有明確的發稿目標：提供媒體需要的企業訊息，不可一味地吹捧客户，徒增新聞記者困擾。曾有一家電子辭典公司的新品上市，公關人員提供給媒體的新聞稿中，通篇都在介紹董事長的豐功偉業，而該公司的新產品得到的字數卻少得可憐！企業領導人的事蹟

並非沒有新聞價值，此方面的資訊應在媒體進行人物專訪時，再提供給媒體。除非是國際性企業領導人訪台爲產品作促銷，例如微軟軟體的比爾・蓋茲（Bill Getz）爲了促銷新的視窗軟體走訪台灣，曾在台灣媒體轟動一時，各報記者競相爭取專訪機會。蓋茲接受訪問時，除了暢談白手起家經過，也不忘大力促銷軟體，達成良好的宣傳效果。

三、不要吊人胃口，故作懸疑狀

以新聞重點而論，新聞寫作以「頭重腳輕」或「倒三角形」爲原則。新聞的第一段是全篇稿子的重心，公關人員應以簡單扼要的語言點出人、事、物、地與時間等重點。因爲新聞記者與編輯永遠都在與時間賽跑，有固定的截稿時間。記者每天有收不完的各種新聞線索，對於公關單位傳來的新聞稿，記者會以經驗判斷是否值得作進一步的採訪。判斷的標準，就是以公關人員寫的新聞標題與第一段爲主。若媒體決定直接改寫該則新聞稿，也會因爲字數限制，可能將末幾段刪去，所以公關人員應將較不重要的資訊放在末段，且盡量將新聞稿限制在一至二頁左右，千萬不可自以爲在寫武俠小說，將結局（新聞重點）安排在最後一段，製造不必要的懸疑效果！

四、不要用記流水帳的寫法

缺乏寫作經驗的公關人員，若是無法有效地整理一則新聞的前後架構，就會採取記流水帳的手法。流水帳等同於「零碎」、「雜亂」，想到哪裡，就寫到哪裡。例如新聞稿主題爲新產品發表會，記流水帳的寫法會依照主持人致詞、新產品曝光、代言人致詞、Q&A等時間順序逐一列出，但卻缺乏新聞重點。寫新聞稿不是在抄筆記，也不是在做現場記錄，而是從活動中萃取精華，將最有價值的新聞點呈現於大眾面前。

五、避免冗言贅語

所有的媒體都強調新聞應簡潔扼要，具有強烈時效性的媒體如電視、網路等更是如此。一個歷時兩小時的公關活動或記者會，電視新聞或許只能播出兩分鐘的時間，其中可能有二到三分之一的畫面是人物訪問。除非撰寫特稿，報社記者在報導事實時，字數大約在六百至八百字內。

六、資訊絕對正確／不可寫錯字

公關人員在新聞稿中撰寫企業營業額、產品定價、市場調查結果、企業主管姓名等資料時，務必反覆核對，確定其正確無誤後才可發稿。這些資料攸關企業的利潤和形象，資訊錯誤的稿子發出去後，媒體若也未加注意直接刊出，可能導致企業損失。近幾年來，許多購物網站常有標錯價的烏龍事件發生，就是因爲企業對於網站內容編輯沒有設立嚴格的核對機制，或是編輯人員疏忽所致。

七、避免內容空洞，出現沒有意義的廢話

寫新聞稿不是在寫八股文，例如：「爲了促進全民健康，增進社會福祉，ＸＸ公司將舉行免費量血壓活動……」。舉辦此類活動並沒有問題，問題出在活動舉辦的理由實在太制式化了！若是能鎖定一些時令與流行話題，將之改寫爲：「新一波的寒流到來，到醫院求診的高血壓病患也多了起來。由於氣象局預估今年到來的冷氣團將較往年頻繁，ＸＸ公司特地舉行免費量血壓活動……」，不但可以成功地扣住近日流行的話題，也比較能吸引媒體，讓消息曝光。

▼搭配新聞圖片或畫面▲

除了撰寫簡潔、通順、符合新聞價值的新聞稿之外，公關人員有時也需要提供活動或產品照片給媒體。一張生動傳神的照片，在視覺上營造的效果，可能比文字更強烈。好的新聞照片條件包括：

- 與新聞稿主題直接相關。
- 生動地捕捉活動的精髓。
- 當活動屬於遊戲或比賽時，捕捉到動態影像。
- 人物可清楚辨識。
- 照片中的新聞主角在三人以內。
- 照片整體有視覺上的對比或張力，可吸引讀者注意。

除了附照片給媒體之外，公關人員也必須參考新聞寫作原則，撰寫簡潔的照片說明，除了交代新聞主角、地點、時間、事件等，還需執行數個步驟：

- 核對人、地、物等資訊是否正確。
- 交代圖片的特殊性或價值。
- 激發讀者想閱讀新聞的好奇心。

台灣由於地窄人稠，競爭激烈的媒體，往往爭先在第一時間內開闢新聞現場，提供最新訊息，使用衛星直播車（SNG）的次數很頻繁。除非媒體被禁止攝影，或是必須使用國外畫面，公關公司很少有機會提供新聞影片給媒體使用。不過，公關人員仍須事先掌握「攝影機會」（photo opportunities），爲媒體規劃新聞畫面。

「攝影機會」指的是在一個新聞事件或公關活動中，公關人員預先安排適合攝影記者捕捉的畫面角度與方式，以增加活動的宣傳效益。例如：在新款手機的產品發表會上，公關公司可事先設想手機的特色，將之融入活動主題中，安排戲劇表演或具創意的走秀方式，讓攝影記者捕捉盛大且娛樂效果十足的場面。公關人員此時彷彿一個秀場的製作人，協調化妝、道具、導演等不同的角色，發揮活動最好的效益，讓過程被攝影記者精彩地紀錄下來，並成爲當天晚間新聞的熱門話題。

PDA

向媒體發新聞稿

隨著傳播科技日新月異，公關人員與新聞媒體的溝通方式也在變化中。大眾媒體雖然還是接受傳眞甚至傳統的郵遞方式，但這些發稿方式實在曠日廢時，已經被認爲是落伍行爲。若遇到傳眞機缺紙或故障，資訊往往無法有效傳達，徒增媒體困擾。再者，若一次傳較多新聞資料，可能會丟三落四，造成分稿者的困擾。目前大部分的媒體都已經全面網路化，部分記者並非天天回報社寫稿，偶爾一週才回公司幾次。公關人員可以先取得媒體記者的同意，以電子郵件搭配送手機簡訊的方式傳送訊息。

公關人員先以電子郵件遞送詳細的新聞稿或邀訪通知，再打手機作最後的確認。若有活動細節必須提醒對方，可以手機簡訊的方式，將重要訊息（如記者會時間和地點）傳給記者。活動舉辦完後，不論記者當天是否出席，公關人員都務必將活動整理成新聞稿，以搭配新聞圖檔的方式，再傳送一次給記者。傳遞方式仍視媒體記者的偏好（傳眞或電子郵件）而定。如果新聞圖檔過大，則可用快遞方式送到報社。

公關人員最忌諱的發稿方式是「一稿兩投」。所謂一稿兩投，就是將同一篇新聞稿發給同一家媒體內兩個或兩個以上的記者或單位。除非記者幫同事代班，每一位記者都有固定的採訪路線，絕不會去「踩」其他同事的採訪路線。例如某家化妝品公司請明星擔任產品代言人，並出席產品發表會。公關人員必須以活動目標來決定發稿對象。如果新聞重點在新產品上市，則應以跑消費線的記者爲發稿對象，而不可同時將新聞稿發給影劇記者。除非該位明星具備某些值得報導的價值（例如廣告酬勞，以善於保養著稱），則必須另外針對其特色開闢新聞話題，詳作規劃。

另外，公關人員也不應偏心，發稿時獨厚幾家媒體，而冷落其他記者，對於「獨家」尤應避免。媒體記者在跑新聞時，在同一條線上的同業會形成一個社群。雖然媒體彼此之間競爭激烈，但記者並非萬能，彼此之間仍會在專業上互相支援，所寫出來的新聞或許角度不同，但基本資訊應該都是相同的。一旦公關人員

「偏心」，只將特定訊息「洩漏」給少數媒體，很容易引發其他媒體的反彈，甚至抵制。此外，公關人員若是大小眼，只對大牌媒體逢迎吹捧，卻對小媒體不聞不問，將來小記者跳槽至大媒體，將對大小眼的公關人員表演一場「王子復仇記」，反而得不償失。

爲了找出合適的新聞話題，公關人員平日需多看報、雜誌、電視，瞭解各個媒體的性質、特色，瞭解線上記者的動態，找出最適合的人選投遞新聞稿。公關人員也必須瞭解，除非搭配可觀的廣告費，宣傳意味過於濃厚的消息很難受到媒體青睞。公關人員必須敏銳地觀察時事與流行，以證據（例如公布市場調查結果），說服媒體記者該則新聞的價值。千萬不要傷害記者的自主性，一心一意想控制結果，「教」記者如何寫稿，或是詢問記者新聞何時可以見報。這些都是讓新聞記者厭惡的舉止。

▼讀者投書或公司聲明▲

當企業遭逢重大爭議或危機時，發新聞稿或記者會可能無法完全表明公司的立場，或是釐清企業的責任與處理方式。公關人員此時有必要以其他方式爲公司澄清、辯護或說明。目前各個平面媒體都設有讀者投書專版，讓各界發表正反議論。企業也可以選擇以刊登廣告的方式，爲爭議的緣由與處理方式作說明。

此類訊息目的在釐清事實，不是歌功頌德，公關人員必須爲企業立場提出辯解與說明。當企業受到社會團體的挑戰時，以讀者投書說明問題的來龍去脈，可能比花錢辦說明會更有用，其效益也更好。企業若未遭逢爭議，公司主管仍然可以專家身份，針對公共議題，以讀者投書的方式發表見解，提供趨勢分析，對公司形象頗有助益。若遇媒體報導不實，企業公關可斟酌不實報導所造成的影響，決定是否去函要求更正。平時與媒體建立良好的互動模式，增進彼此的瞭解，可降低錯誤報導的問題。

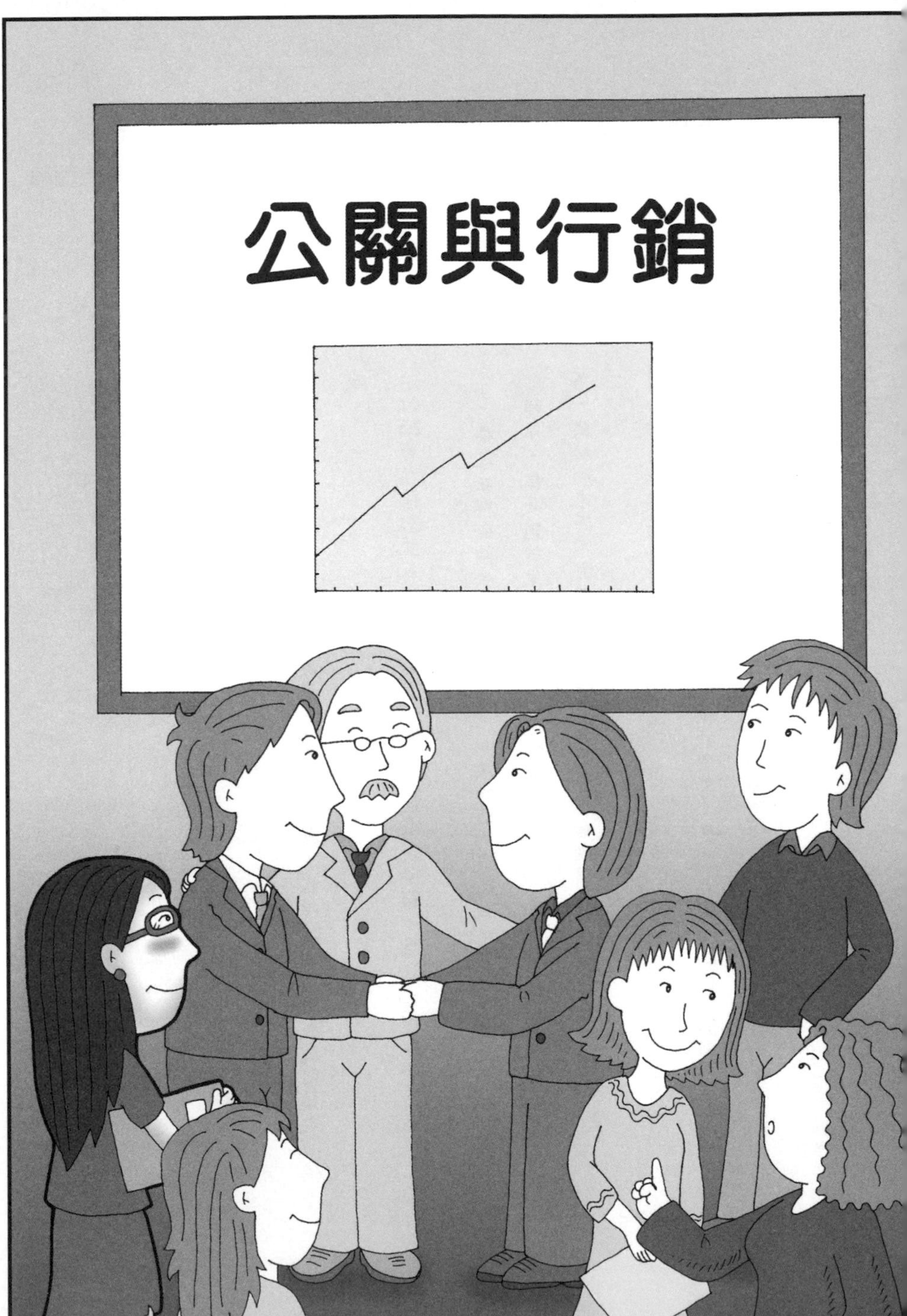
公關與行銷

筆者曾在政治大學公企中心爲在職人員授課，主講內容爲「公共關係的基本概念」。上完課後，有名學員寫了一封電子郵件給筆者，暢談公共關係的實務操作可被視爲「觀念行銷」(marketing of ideas)的一部分，最終目標仍在爲企業體謀取利潤，所以他個人認爲公共關係可被視爲行銷的一環，假以時日必將成爲行銷人必備的知識。

這位學員在信末並且幽默地引用金庸的武俠小說情節，生動地指出：

> 楊過在與金輪法師相遇之後，回憶自己所學的武功，初時還記得各個武功的師承，但是到後來開始混亂。他嘔血數升，昏迷過去。但醒來有更深的體悟，武功的來源不重要，重要在於自己會不會運用。

對台灣大部分的企業來說，「行銷」與「廣告」的地位確實凌駕「公關」之上。大部分的企業每年花在廣告或促銷的預算，其比例遠遠高於公關預算。上過行銷學的人都知道，每一本行銷課本都將行銷範圍定義得很廣，公關有時也被納入行銷架構中，成爲行銷工作的一環。

無可諱言的是，從公關公司的角度來說，每年所承攬的案子，平均有半數以上是爲了支援客户的產品銷售。然而，這是否可以證明，公關應該被完全歸納到行銷工作去，不需獨立出來？這問題應有討論的空間。

我們認爲，「公共關係」學門有其特殊性，它的運作並非止於「行銷」範圍之內。當公關被運用於行銷領域時，我們稱之爲「行銷溝通」（marketing communication）。所謂「行銷溝通」指的是以公共關係策略支援產品販賣與促銷。

爲了配合新產品上市，企業的行銷部門會結合不同的溝通策略，雙管齊下，以結合新聞媒體與廣告媒體的方式，來幫助產品打開知名度。這包括安排給媒體採訪的新產品說明會、爲促銷產品而舉辦的宣傳活動等等。

舉例而言，公關技巧在產品行銷上的運用上包括：

△**對新聞媒體發布關於新產品的消息稿，並藉由建立新聞角度與新聞話題的**

方式拓展市場，開發潛在消費者。讀者若是注意媒體報導內容，不難發現旅遊話題的資料多由各國觀光協會提供，而許多食品業者則規劃不少健康議題，吸引讀者的注意。

△提供專家、學者或是使用者的「第三者背書」，亦即引用這些消息來源的發言內容，作為產品特性或優點的佐證。所謂第三者背書，其立場是中立的，動機出於善意，與廠商利益無涉。

△提供工商媒體關於產品或是服務的銷售數據，便利跑產業的記者撰寫產業分析類的新聞。其實一味以花俏的形容詞說自己產品好，不如讓數字說話。對記者來說，產業調查資料是非常好用的新聞話題來源。它顯示了某種程度的客觀性，也可讓記者充分發揮，分析市場趨勢，是很受媒體重視的新聞材料。

△藉由新聞稿的即時發布增強產品的廣告效益，並助長其市場競爭能力。從行銷的觀點來說，新聞媒體也是一種銷售的傳播通路，與廣告互相搭配，

增強其宣傳效果。

△將公司或客戶設定為某產品或產業的權威消息來源。如果公關人員所服務的客戶在市場占有率方面名列前茅，這名客戶旗下的發言人或行銷部門主管自然是媒體記者爭相採訪的對象，既然龍頭產業的動態對市場有一定的指標性，公關人員此時自然可借力使力，充當媒體與產業之間的橋樑，一旦有重大話題發生時，客戶很自然地就成為關鍵的受訪者。

△產品消息稿一旦獲得媒體的採用，或是產品訊息一經媒體廣為曝光，可被視為便利的宣傳資料，擴大潛在的消費群。讀者或許都有這樣的經驗：看電影時看到報紙影評被貼在入口，或是逛唱片行、書店時，牆上貼著相關書籍或唱片的銷售排行、介紹。最常見的是去餐廳吃飯時，牆上貼著美食雜誌或報紙美食版的介紹，這時想不多看兩眼都很難！

△對於無力耗費鉅額廣告預算的產品而言，公關技巧運用得宜一樣可以造成與廣告等值的效益。 湯瑪士‧赫利斯（Thomas L. Harris）的《行銷公關》

列出許多適合公關行銷的十種狀況。這十種狀況包含：

- 當具有革命性或突破性的新產品上市時；
- 因法規限制而無法作廣告時；
- 市場環境充滿敵意，必須盡快扭轉現況時；
- 公司產品銷售遇到阻礙，但卻無法透過廣告手段解決時；
- 廣告雖受歡迎，但品牌知名度卻無法建立時；
- 產品性質需要加以詳細解釋時（即所謂的「釋疑性產品」）；
- 公司不能直接向消費者打廣告時；
- 知名的公司需要向大眾提出說明或辯解時；
- 需要為一項既有的產品注入新元素時；
- 當廣告預算不足時。

台灣的公關公司的業務主要負責幫客户進行產品的知名度推廣與促銷，並規劃各式各樣的公關活動來刺激產品知名度與銷售量的提升。趨勢公關公司總經理蔡松齡先生，也曾在政大廣告系碩士班課程規劃座談會上，一再強調整合行銷溝通乃大勢所趨，並建議授課教師的課程規劃，一定要以此趨勢爲發展方向與大目標。然而，達豐公關客户經理喻靜媛也坦承：在實務界，廣告、行銷、公關眞正能同調演出，爲同一目標而彼此整合，卻是鳳毛麟角。

所謂行銷溝通，就是將廣告、行銷、公共關係等功能加以整合，而不再區分這些概念在實務執行上的分野。赫利斯在《行銷公關》一書中也指出：

> **行銷公關是一系列包含企劃、執行與評估的工作步驟，目的在鼓勵購買和提高消費者的滿意度，經由大眾信賴的傳播管道，傳達符合消費者的需求、期望、關心與利益的訊息及印象。**

簡而言之，不論是行銷也好，或是結合公關作法的行銷公關也好，都在刺激銷售，滿足消費者的需求、期望或關心。值得注意的是，當今的消費者購買商品，並不只是單純地出於價格考量，或因爲對廣告有印象。曾經在九〇年代風行一時被大力推廣的「綠色行銷」，就曾經提倡將公益元素注入行銷的必要性。「綠色行銷」是企業回應人類的環保呼聲而產生的一種新型行銷。從產品設計、銷售到資源再回收，甚至強化組織內部的環保機能，強調的是人力物力的節約與再生。

「行銷公關」的運作方式，其實與「綠色行銷」精神相似。它回應了消費者對於企業的期望，將公益理念與作法運用於行銷，並藉由開拓話題的方式擴大產品的內涵。如果企業老闆只是把公關看成是花費較少的行銷或是廣告代名詞，則犯了過度簡化公關功能的危險。

在行銷的操作概念中，是將公關視爲輔佐產品販售的功能，以消費者爲主要的溝通對象。公關實務領域的危機處理，政策性的溝通（例如國會常駐代表等政治遊説工作），組織員工與部門之間的溝通與協調，和議題管理等，在公關與行銷互相整合的大傘下，由於與產品販售概念 並無太大重疊，很容易被推擠到邊緣地位，如此，公關固然扮演了助攻（行銷）角色，但這卻有三種危險的後果：

一是行銷人員並不瞭解公關功能，只是將公關帶來的公益元素視爲一種銷售手段，而沒有眞正落實公益訴求。一旦遭致消費者保護團體嚴厲的批評，反而對公司形象造成嚴重傷害。幾年前，台灣社會曾吹起環保或生態保育之風，許多企業也想委託公關公司幫忙「製造」一個環保話題，以增強企業形象。無奈許多企業的產品非但不環保，還有可能戕害環境，徒然落人口實。

二是公關若是一直被定位爲支援行銷的二軍時，等到公司眞正需要公共關係（發生危機，企業需要針對重大議題對外發言）的時候，公關人卻毫無經驗或權力，除非公司已經有訓練有素的主管兼任公關角色，對外統籌與發言，否則一個被矮化爲「幫忙作行銷」的公關職位，絕對無法在上述的危機中應變，協助公司渡過難關。其實公關絕對有無限的可能性，它可以藉由組織內溝通與培養共識的過程中，一一克服外在限制企業發展的因素，使企業在發展的過程減輕各種障礙因素與公關危機發生的頻次。從這個概念出發，公關操作是不應該局限在行銷範圍的。

三是公關公司大部分的業務若只是扮演「支援」行銷的角色，則未來在企業品牌塑造的工作上，將漸趨下風，致使公關的專業潛力無從發揮，造成整體產業萎縮的不良後果。對客户來說，由於過度相信廣告的效果，負責製播廣告的人員就只會要求公關人員扮演配角，替大客户發新聞稿即可，若是公關效能不彰，當然也就更沒有機會證明這一行的價值了！

▼維持品牌形象的傳統作法▲

消費者行爲調查顯示，有越來越多的顧客願意多花百分之二十的錢買他所認可或熟悉的品牌產品。從行銷的角度來看品牌形象，則「打廣告」被視爲維持品牌形象最有效的方法。

什麼是品牌形象呢？品牌形象就是消費者在接觸、購買、使用過程中，對於產品所屬的廠牌所建構出來的主觀印象。例如：台鹽推出的保養品，透過新聞話題的操作，「天然、健康」爲其品牌形象。市面上的保養品，泰半以「年輕、美白」作爲訴求，則又是屬於不同的品牌形象。這個主觀印象可能來自於媒體廣告的宣傳文字，也有可能是消費者親身使用的感受。品牌形象有沒有可能透過公關的手法來維持呢？

許多企業老闆相信：公關是在花錢，看不到實質效益，而廣告只要在媒體曝光程度夠強，就會刺激銷售，品牌形象當然也隨之增強。這樣的推論事實上是太簡化了。原因有三：

△從九〇年代開始，美國的行銷專家就已經意識到各大企業由於投資報酬率低，因而大量刪減廣告預算，這當然也影響跨國企業在海外（包含台灣）的廣告預算投資。

△新興媒體（如網際網路、有線電視）崛起，形成多元化的分眾市場。消費者不再只集中於接觸少數幾個資訊管道，而是依照年齡、性別、職業、興

趣，有非常分散而眾多的資訊管道。企業打廣告的方式若是不夠精準，很容易造成浪費。

△除了砸下廣告費用外，企業仍需有正確的宣傳策略與良好的銷售通路才能達成效果。

因此，對於廣告預算雄厚的企業來說，仍須搭配目標精準、策略正確、市場成熟等三個條件才能眞正達成「在消費者心目中增強品牌形象」的效果。不幸的是，有些企業由於預估產品銷售量過高，廣告花費也大，但在品牌推廣的過程中卻缺乏縝密的規劃，一心想要在短期之內打響品牌名號，並帶動產品消費熱潮，然而，當沸沸揚揚的產品促銷做完之後，若產品銷售不如預期，只有走入賣場中「花車」的命運，以賤價求現，減少倉儲壓力，這時「品牌」也走入歷史了！

維持品牌形象的新作法

爲了不讓品牌灰飛煙滅，有效維持企業品牌形象的目標，企業主管必須有更具前瞻性的作法。我們曾在「文化、藝術與公共關係」單元中提到，「長期耕耘」是鼓勵企業贊助藝術或文化活動的重要理由。同樣的道理，維持品牌形象不能只靠砸錢買廣告，這是因爲企業也是社會公民，若要永續生存，則必須跳脫傳統行銷觀念的思考，從社會效益（social benefits）出發，讓公關操作中強調的公益行爲完全融入企業策略，從而創造一個雙贏的局面。

何謂將公益行爲完全融入企業策略呢？台灣國際奧比斯防盲救盲基金會執行長錢爲家（前創勢公關公司總經理）指出，談形象塑造，不僅是從促銷或市場面，而是從整個商業策略角度來衡量。若是從公司財務的角度來看，則我們可以將公關的作法視爲一種「社會投資」，並實際計算這樣的投資可爲企業關懷的對象（通常爲弱勢團體）帶來多少企業利益？換言之，企業推動利人利己的公益事業，已經證明可以有效提升品牌形象，對產品實質銷售也有助益。

例如：由於消費者的環保觀念漸漸成熟，企業推出環保產品，不但可有效減少能源浪費或環境污染，也可藉此訴求增加產品的吸引力。企業也可以從振興市場的角度出發，協助開發中國家的經濟發展、或是藉設廠提供社區更多的就業機會。在人力資源方面，則包括雇用弱勢或少數民族員工的政策等。

被英國消費者評比爲最值得信任的品牌第二名的「美體小舖」（Body Shop），可說是將企業策略的發展與對社會的貢獻相結合的佳例。這家從小店鋪發展到全球化的保養品集團，以強調天然成分與反動物測試聞名。爲了刺激開發中國家的經濟發展，許多「美體小舖」產品的材料來自第三世界國家的農產區。

與美體小舖類似，美國的冰淇淋連鎖店Ben & Jerry也將公益行爲融合於產品中。Ben & Jerry向居住於熱帶雨林區的農民買核果，作爲製作冰淇淋的食材，除了振興雨林區的經濟外，也協助當地保存雨林，防止溫室效應惡化。除此之外，每當民眾購買Ben & Jerry的冰淇淋，企業就捐錢給防止溫室效應惡化的雨林保育團體。

如此一來，企業不但善盡社會責任，解決了弱勢者的需求，也提升了品牌形象。

台灣相當知名的英業達集團，也以濟貧爲目標，在中國北部進行「黃羊川計畫」，頗受矚目。英業達的副董事長溫世仁，在接受《e天下》訪問時指出，中國最大的問題是八億貧窮的農民。英業達可以藉由科技專才，透過架設網路與捐贈電腦等方式，振興貧窮地區的經濟。農民可以藉由網際網路開拓銷售通路，從現代化的設施得利，享受較好的生活品質。溫世仁進一步指出：「消滅貧窮本身就是一個很大的商機！」他認爲，只有透過改善經濟的方式，民眾收入提高，生活品質提升，需求才會源源不絕，企業的利潤自然也隨之提高。

爲了維護品牌形象而進行社會投資，有時是必須付出極大心力的。對公關人員來說，企業與企業產品形象之經營與維護，可說是隨時面臨重大挑戰，必須調整公關策略以因應外在變化。以在二○○一年爲跨國公司併購的安泰人壽爲例，除了平時耕耘，致力於公益行爲之外，對於不預期的事件，也能迅速應對，運用靈活的公關策略，讓企業積極參與地方性的公共事務，從而增強企業的能見度。

這也就是說，屬於跨國性集團的企業，對於台灣在地公共事務的推動仍可以不遺餘力，且交出漂亮的成績單。這是因爲就公關管理概念來說，「全球」與「本土」的概念並不互相衝突，相反地，透過靈活公關策略的運用，企業形象建立的目標在各個層面都可獲致良好的成果。以ING集團發起的國際化計畫爲例，它與荷蘭貿易投資辦事處聯合贊助台灣菁英份子出國進修，獲得良好的口碑。在台灣SARS疫情蔓延期間，更發起了「拱手不握手，才算好朋友」的防疫口號及相關企業形象宣傳。此外，ING安泰人壽於九二一震災之後，提供災後的失親兒童養育到二十歲的實際扶育計畫，善盡了企業的社會公民責任。以上的例子，都是企業以公益行爲來提升形象的範例。

▼以公關的角度談「台灣」品牌形象建立▲

近二十年來，台灣漸漸擺脫代工產業的刻板印象，許多產品在全球市場中有一定的水準與好評，台灣企業對品牌的重視也隨之提高。加入世界貿易組織後，如何提升台灣整體產品在國際舞台的能見度，與其他競爭國一較高下，可說是非

覽會
TAIWAN
BenQ
MADE IN TAIWAN
BenQ

常重要的課題。

台灣政府並非不重視品牌形象，每一年都會編列可觀的預算進行研究與推廣。然而，若只是花錢在一些國際媒體登廣告，作一些文字或影片的宣傳，對於品牌形象提升並無幫助。

重點在於台灣的整體形象在國際上的呈現，這是國家形象的問題，而非特定品牌形象推廣作得不夠。舉例而言，由於長期不重視動物權，台灣各個城市至今仍是流浪貓狗充斥街頭，虐待動物的新聞時有所聞。由於國人重視食補，也導致了生態保育的爭議。很多廉價的Made in Taiwan產品粗製濫造，一用就壞，也影響了外國消費者對台灣的觀感。

經過長年的耕耘與努力，台灣仍有品質佳，價格合理的產品，在國際上受到青睞，例如電子、資訊、音響器材等。如何進一步在市場上建立品牌知名度，讓國家形象與品牌形象等量齊觀？我們可從公關的角度來討論。

要能讓台灣產品成功地打入國際市場，負責推動國際化者一定要有國際觀，將企業定位爲「世界公民」，超越作廣告的層次，以全球視野來看待企業的社會投資。具體的作法，則可以參考「美體小舖」或「黃羊川計畫」結合企業策略與社會利益的方式，協助振興目標市場的經濟，營造一個更好的銷售環境。假設有一家企業要救援三個國家的落後地區，則具體策略可能包括：

- **進口當地的物料，給予合理的利潤，擴大生產需求。**
- **在當地設廠，與社區建立良好關係，創造就業機會。**
- **與宗教或其他救濟團體結合，在緊急危難時提供救濟物資。**
- **充分發揮企業產品之特色，協助提升當地的教育或文化水平。**

企業若能在國際社會善盡社會責任，不但可幫助自己的國家在當地提升形象，更開拓產品的消費市場。最重要的是，企業的善舉目的爲形象耕耘，營造一個更好，更有潛力的市場。如是觀之，企業若從公關的角度來作品牌形象，非但不會浪費錢，反而是在節省成本，創造更大的商機。

政府決策也要作行銷？

前述討論與企業的產品銷售和品牌維護相關。然而，並非只有企業才需要作產品或形象的推廣，政府作爲政策的制定與推動者，也需要公關人員協助，進行「政策行銷」的工作。政策行銷與商業行銷的模式有部分類似，需要對「消費者需求」、「市場潛力」、「產品賣點」作分析，但政府從事政策行銷，並不在推銷實質的產品，而是向選民推銷其理念或政策，獲得他們的肯定或實際行動（守法、投票）的配合。

一般企業設有公關或行銷部門，政府機關則有新聞局或處，負責新聞聯絡與公關溝通等事務。因此，政府部門負責政策行銷工作者，仍是強調公關與宣傳機能的新聞聯絡單位。換言之，在台灣，政策行銷是公關人員的職責。

首先，公關人員可先進行基本分析，包含政策、環境和各個不同溝通對象特質的分析。政府關照的是整體利益，任何一個政策轉彎，都可能有不同的對象受影響。事實上，任何一個政策思考的角度不同，推廣方向也不會相同，也不可能讓所有人都滿意。這就像商業產品不可能滿足所有的消費者需求，但至少要讓大部分用過產品的人滿意，讓還沒使用過的人對該品牌心生期待。

政策行銷的重點，在於讓社會上大多數人接受且滿意政策，對於那些未蒙其利的對象，可以獲得補償機會。簡言之，好的政策行銷讓所有的利益關係人都明白：爲何政府在諸多方案中推薦A作法，而不是B作法？政府公關人員此時就必須充分展現說服的功力，讓民眾瞭解A作法形成的考量，與它的價值可帶給大眾何種利益。

「政策評估」與「政策推廣」同等重要

一般企業在銷售產品之前，一定會經過研發、試用、評估等過程。這也就是爲何許多高產值的產品，背後的研發費用十分可觀。政策如同產品，在進行推廣之前，主其事者得先評估公共政策優先處理的順序。

如果政策的制定是依循政黨政綱，或是基於各個派系利益，就純然是一種主觀判斷，且向特定利益妥協的政策，其政策品質就已經先受質疑，遑論是否能有效推動。在民主社會中，政策的制定常以民意調查的結果，依據受訪者的優先喜好來做排序，這也是爲何政治人物常宣稱將重大政策訴諸全民公投。

除了民意調查之外，政策制定者不妨向大企業借火，以社會投資的觀念來決定政策，並透過公開理性的方式討論政策細節。我們可以用民眾接受度的高低和社會效益的高低兩項標準來看政策行銷：

社會效益／民眾接受度	高	低
高	I	III
低	II	IV

對政府從事政策行銷的人來說，不論是施政或政策推廣，都應該以I爲目標。只要是社會效益低的，不論民眾接受度高低與否，政府自然不予鼓勵，必要時甚至可制定罰則。例如：民眾普遍貪小便宜，「盜版」與「違反軟體下載」氾濫，可說是社會效益低但民眾接受度高的行爲，屬於II，政府推動著作權法後，以I爲目標，宣導與取締雙管齊下，也獲致良好的成果（自三〇一名單中除名）。

「醫藥分業」是屬於高社會效益，低民意支持度的政策，在表中屬於III。「醫藥分業」在國外行之有年，強調回歸專業，讓醫生擺脫抽取藥品回扣的陰影，不但可節省可觀的社會成本，也可提升藥劑師專業水平。然而，當「醫藥分業」政策在實際推廣時，仍有可能受質疑。這是因爲「醫藥分業」法案未經立法院通過之前，由於溝通不足，引發醫藥界諸多爭議。行政院提出的版本通過後，也缺乏充足的時程規劃及宣傳計畫經費。在來自多方的壓力下，公關人員如何能做好溝通管理的工作？公關人員應在政策形成的過程中就能參與，居間協調，整合意見，讓政策可以有效地被推動、落實，往I的目標邁進。

提升公關層級・與企業策略相結合

知名的美國馬里蘭大學公關學者詹姆士・格魯尼（James Grunig）於八○年代革命性地提出了「雙向對等」的企業溝通模式。他強調：公關功能必須要能進入管理階層，才能提升其影響力。而任何決策，都要與社會利益相結合，達到互蒙其利的效果。

這代表著公關的作法融入企業決策體系中，落實於不同的面向。因此，公關不再只是傳統行銷作法中的跑腿角色。當企業管理階層意識到公關重要性時，許多決策思考與公關策略結合，將可使公關功能做最大發揮。

所以，回應在本單元之初提及的公關班學員的電子郵件，筆者也來改編信中的武俠小說劇情：

當楊過（比擬為企業組織員工或主管）在昏迷之中（企業面臨經營品牌形

象的挑戰），若是能夠在渾沌狀態中，有更深的體悟（提高公關的決策層級，將公關視為一種企業的社會投資），那麼武功的派別與來源（公關？行銷？誰是老大），就不是問題，因為他的體悟已經完全貫穿於武功招數，出神入化，無人能及了！

不論是政府或企業，從組織管理與溝通的角度出發，都應該要改變公共關係在行銷中扮演的角色，這不但是大勢所趨，也是確立公關專業的關鍵。

公關與倫理

各行各業都有成文或不成文的專業倫理規範。在台灣，專業人員如醫師、律師公會均會制定倫理規範，針對其從業人員之工作內涵與工作紀律加以約束。對公關這個行業來說也是一樣，關於公關工作的專業倫理，就像每個人心中的一把尺，如何去衡量、行事，仍是一個有待討論的課題。

或許是因爲人類有無窮欲望，或許是貪圖工作上的便利，或許是專業訓練不足，公關人員不可能避免倫理問題或爭議。有人說：「法律是最低的道德標準。」除了訴諸法律外，如何針對公關人工作內容，與利益關係人（stakeholders）如政府、消費者、競爭者、社會大眾等之間的互動，進行自律式的規範，可說是公關專業界的重要課題。

當客户爲了競爭，要求公關公司發布與實情不符之新聞稿，公關人員應當遵守嗎？當客户邀新聞媒體進行採訪時，公關人員要如何界定「招待」的範圍？公關人員可以爲具爭議性的產品（菸、酒）服務嗎？或是違反自身的理念或立場，推銷相左的價值觀嗎？

制定倫理規範的好處：以美國「公共關係協會」為例

在美國，公關從業人員組成「公共關係協會」（Public Relations Society of America，又稱PRSA），旗下設有道德專業標準委員會，對於公關行業的操作，設定了許多標準，而歷年來PRSA所累積的個案，其問題源由與處理結果，值得目前仍欠缺有效規範的台灣公關同業參考。

美國的公共關係協會相信，公關從業人員若是組成同業公會，並針對公關工作，制定倫理規範，並加以有效的約束，有三大好處：

- 所有加入此一同業公會的會員，可依此行為準則行事。
- 遭逢倫理爭議時，可將此規範提供管理階層或客户參考，說服他們以符合公關倫理的方式行事。
- 確立公關的專業性，讓公關這一行受到企業的尊重。

不過，就台灣國情來說，歐美所制定的標準，並非完全適用於台灣。這是東西文化差異所致，華人社會的應酬文化中，講求「人情」、「關係」與「面子」。從實際操作層面來說，如何避免「公關」與「利益關說」混淆，或是被貶抑爲陪吃飯聊天的「公關」，是建立台灣本土公關倫理規範的一大挑戰。

近二十年來，由於台灣的公關業越來越發達，外資公關公司引進新的公關操作觀念，再加上許多公關人員都受到良好的新聞、廣告、行銷等訓練，在公關業齊心努力下，專業公關顧問人員水準已經大幅提升，具備良好形象。

但「公關倫理」方面的爭議，仍有許多值得探討的空間。我們也希望透過本單元，能夠讓業主和公關同業正視此議題，在專業領域中，更能揮灑自如，把握公關倫理的原則，身處誘惑而不爲所動。

「倫理」與「自律」

所謂「倫理」，指的是個人判斷是非、正義、公平的價值系統。倫理與法律最大的不同之處在於，法律標準多採反向設定，以禁制方式規範人類行為，規定哪些是「不可以」作的，倫理由組織或社會成員所主觀認定，以共識來建立對人類「合理」行為的期待，並透過「自我約束」或「自律」的方式來達成此一期望。

一般來說，政府官員或其他公眾人物，背負社會較多的期待，法律對其行為之設定自然較為嚴格，其行事標準也更高。在傳播業中，新聞記者或公關人員雖非公眾人物，但由於工作範圍涉及公共利益與社會期待，其工作規範的標準設定，仍應經由同業之間的討論，建立傳播界的倫理規範。

事實上，倫理問題不是非黑即白的二元選擇，它反映了現代社會變遷的過程中，何者為對，何者為錯，在不同的時空環境中，有不同的答案，這也就是為何我們會說倫理是「社會成員所主觀認定」。例如，台灣社會在八〇年代中期以前，由於全力拼經濟，對環保議題並不重視，以致於工業區附近的鄉鎮污染情形十分嚴重。在那個時候，社會大眾對於企業並沒有「企業應善盡社會責任」的認知，當然也就無從討論起企業倫理或公關倫理等問題。解嚴以後，由於社會運動蓬勃，台灣民眾對消費者權益、環保、動物權等公共利益更加重視，對企業的期待標準自然提高。

▼公關倫理由三個概念組成▲

或許有人會問，如果倫理是「社會成員所主觀認定」，那麼若A民眾與B民眾的倫理觀念不相同，或是A組織與B組織理念不同，不就造成倫理觀念的變動與混淆嗎？

更清楚地來說，公關倫理的主觀性，是由三個不同的概念所組成：社會規範（social norms）、專業操作（professional codes）、和個人價值標準（personal values）。社會規範包含了社會總體對於人的行爲之期待，專業操作則有賴公關人員從專業經驗中學習，從更多案例的討論中，協助制定此一規範。個人價值則與主觀認定有關，也與個人養成的背景相關。這三個概念雖然彼此相關，但也有可能互爲衝突，其中以同業之間制定的專業操作規範最爲重要。

以從事政治公關爲例，在民主社會中，「社會規範」強調的是個人的民主素養與自由意志。爲候選人包裝的公關人員，在投票時，是否會圈選自己的客户，屬於「個人價值」，但是，若在心裡就不認同自己的輔選候選人，又怎能進行各項助選的工作？這就屬於「專業規範」了！如何協調這三種概念，我們以公關工作過程中，可能會觸及的爭議領域來加以說明。

公關人員容易遇到倫理爭議的四個領域

一般而言，公關人員可能在四個不同的領域，會遇到倫理規範的爭議或難題：

一、客戶利益可能與公共利益相衝突

「公共利益」常以民意調查或其他既有的量化資料爲判斷之標準。客戶販賣之產品或推銷之觀念，可能具爭議性，公關人員也因此面臨許多溝通難題。以近十餘年來台電備受爭議的「核四建廠」爲例，台電雖然有機能健全的公關單位如「公共服務處」，或前「核能安全溝通小組」負責核能安全宣導、輿情分析、社區溝通等努力，甚至斥資拍攝了許多宣導廣告，製作新聞節目，但核四廠周邊社區的民眾，基於「不要蓋在我家後院」的態度，仍然予以抗拒。其實，若檢視歷年來的核四民調結果，我們可以發現，在台電公關單位的努力下，大部分的民眾或許贊成核四建廠，但核四廠附近的反核聲浪仍居高不下。這顯示民調數字的複雜性，以及「公共利益」究竟應如何定義的問題。

比較好的作法，是在能源政策尚未確定之前，就應該針對核能廠建廠一事，與不同的對象溝通。社區民眾與社會大眾的利益並不一定完全相衝突，公關人員應該發揮耐心，協調不同社群的利益，針對「風險評估」、「社區回饋」、「能源發展前景」等，從理性溝通的角度出發，找出雙方可以接受的解決方案。

有時候，公關人員所經手的客户產品，對人體健康可能有影響，因此必須進行更嚴格的約束與管控。然而，弔詭的是，這一類的產品由於受到政府主管單位的嚴格規範，大多無法透過一般的廣告或行銷手法銷售，借重公關技巧的比重反而大爲提高，部分減肥藥品爭取名人充當代言人，卻招致社會批評，反而讓大眾不信任產品的效果。

公關人員如何在利潤、公共利益或社會輿論之間，尋求平衡點呢？

美國公關協會的看法是，只要是合法產品，利用公關技巧來推廣銷售，只要是在法律許可的範圍內，自然沒有法律問題，也無關乎倫理爭議。因爲這是個人價值判斷的問題。意思是說，當公關人員要協助推廣的是合法產品，而且操作手法也不違法，唯一要檢驗的倫理問題是「個人價值觀」或「良心」。只要個人價值觀與所推銷產品並不違背，就不會有公關倫理的問題。

二、客戶對於公關人員的要求不符倫理規範

有時候，客戶對於自身的公關要求可能不清楚，或是對公關專業人員的工作方式掌握不足，甚至爲了刻意隱瞞事實，因而會對公關人員做出不合情理的要求，例如指示公關人員撰寫誇大、不實的新聞稿，或是認定可以用錢或提供其他利益來酬賞記者。

客戶要求撰寫不實新聞稿，公關人員不可能言聽計從。因爲這有可能牽涉造謠、誹謗或公平交易法等法律問題。在美國曾經發生過一家開礦公司的主管，爲了掩飾內線交易的醜聞，授意爲其服務的公關公司向媒體發布假消息，不但引起軒然大波，也讓公關人員被檢察官起訴，差點鋃鐺入獄。調查結果證實，公關人員事先並不知道客戶隱瞞眞相，因而免去牢獄之災。公關人員若是事先知道眞相，自然不應再發布不實之訊息，以免讓自己身陷危險。

當公關人員知道客戶想隱藏事實時，應該與客戶好好溝通，向他說明：一旦撰寫不實稿件後向媒體發佈，不但涉及公司形象，更有可能被同業控告，不可不慎。

除了撰寫不實新聞稿的問題之外，客户也有可能要求公關人員幫忙「招待」記者。這時候，如何從公關倫理的原則來衡量「招待」媒體呢？

美國公關協會建議，若企業「招待」記者或目標對象的範疇，屬於「幫助記者完成採訪任務」，則在可接受範圍內，與賄賂無關。但爲了讓新聞可以上報而行賄，已經傷害了新聞媒體與公關人員之間的專業關係，是有違公關倫理的。

現今社會中，對於一個人的操守，其基本要求是「不收賄、不行賄」。公關人員面對「招待」的工作範疇，自然更應小心謹慎。不過，衡量國情，所謂「招待」，並不一定等於實質的「行賄」行爲。現今台灣的媒體生態起了很大的變化，舊時代的媒體壟斷情形已經消失，取而代之的，是媒體之間劇烈的競爭，具有專業素養的新聞記者，不可能因爲被請吃飯或收取紅包，就屈服於客户的利益之下，其報導內容也不可能完全符合被報導者的期望。

從另一個角度來看，公關人員與媒體記者之間的互動是細緻而微妙的。在台灣社會，宴客行爲相當普遍，若以此來批評公關從業人員，難免小題大作，因爲在公關界，請媒體記者吃飯稀鬆平常。公關人員可以就實務層面，以兩個標準來衡量「招待」的問題：

△「招待」的預算，是否在總公關費用的百分比中太高？花多少錢吃飯或進行其他形式的招待，可算是不啻的「豪宴」？五星級飯店能開出的「ENT」（娛樂費用），以多少為上限才算合宜？這牽涉到公關工作內容與專業度的問題，我們建議公關人員必須預先控制，比例不可太高。

△「招待」的目的：誠如前述，媒體會因為一頓宴請，而對採訪對象改觀，進而撰寫有利報導嗎？答案是否定的。事實上，許多時候，秉持「見面三分情」的原則，公關人員並非是要記者充當業主的化妝師，而是透過餐敘的方式，與媒體記者交換意見，甚至建立彼此之間的互信關係，增進情誼。

「吃飯」的定義不一定就是觥籌交錯、歌聲鬢影。多年的公關經驗告訴我們，餐

敘是再正常不過的交流方式。用餐時，彼此之間的關係張力較小，以非正式的關係閒聊，反而容易取得對方的信任。會「吃飯」的公關並非吃遍各大餐廳的老饕，而是要懂得掌握用餐氣氛，幽默、健談、處處替他人設想，並適時切入話題，讓賓客留下深刻的印象。所以對「招待」的「目的」與「手段」之設計，並不會違背專業精神，而是依照台灣國情，所採取的「關係建立」策略。

至於與採訪任務無關的「金錢或禮品酬賞」等涉及法律問題，國際上有許多知名的案例（如在美國水門事件中，公關人員涉及行賄等事例），身爲公關人員必須引以爲誡，不得不慎。若東窗事發後才來喊冤，不僅司法無可寬貸，也會讓所有的公關人員專業形象毀於一旦。

所以，當客戶提出「塞紅包、走後門」的要求時，公關人員就必須憑著專業知識，說服客戶。不妨以自身處理的經驗爲例，用「吸食鴉片」爲比喻，告訴客戶，如開「行賄」大門，此舉無異於飲鴆止渴，後患無窮。稍具判斷力的的業主，便會有所警覺，尊重公關人員的建議。

至於「送禮」一舉，現在國內有些媒體已經依循國外作法，對於記者可收取禮品的等值額度，做出明確的規範。曾有某市環保單位主管致贈議員端午節的禮物中，附有將要在議會審查的法案，此種行爲不言可喻，當然就觸犯了「利益迴避」原則。

三、公關人員違反專業規範

由於台灣並沒有既定的公關專業規範，而創立於一九四八年的美國公關協會，於創立後兩年內就制訂了公關專業規範，經過了多年實際經驗的累積，幾經修正，確立了幾大原則，故在此介紹、說明如下，提供給台灣公關同業參考：

△公益取向：誠如前所述，公關工作的範疇不應與公益範疇產生衝突。舉例來說，公關人員可能為了支援行銷目標而作SP（Sales Promotion）活動，就行銷立場而言，理當全力達成銷售目標，然而，公關人員可能會希望活

動有公益性質，如此才能增加新聞報導。公關人員如何居間協調、操作，才會讓一起協辦的公益團體，感到被重視，而不是被利用？需要公關人員以「智慧」來解決。

△秉持誠實原則：公關人員無論在承攬客戶、溝通或製作訊息等，均應秉持誠實原則，不可欺騙客戶或任何利益關係人（如媒體或消費者）。

△公平交易原則：公關顧問公司在承攬客戶時，不可接同業之間的競爭者。如果接了A品牌，自然就不能再去為B品牌服務，以免因為涉及商業機密，而有違公平原則。

△不以金錢或物質換取新聞報導或媒體曝光：詳見前面關於「招待」媒體記者的討論。美國公關協會對此做出明確規範，可見東西文化雖有不同，對「招待」的解讀也不同，但對於「賄賂」行為，則在明文禁止之列，台灣公關人員不得不慎。

△不隱匿身份：公關人員進行任何溝通事務時，均應誠實地代表客戶，而不

是隱匿身份，當「藏鏡人」在背後操弄溝通的結果。美國的公關協會倫理規範中制定此一原則，是因為曾有美國企業為了開發某一社區，委託公關公司進行溝通事務，但公關公司卻藉著成立許多假冒的環保或生態團體，誤導社區民眾，反而招致反效果。

△不對客戶作無法事先承諾的保證：特別是新聞媒體不在公關人員可完全操縱的領域，所以公關人員不向客戶作「明天保證上頭條」此類不負責任的承諾。

△尊重隱私權及智慧財產權：公關人員在撰寫新聞稿時，常必須引用他人話語或意見，此時對於引用話語、圖片或其他製作物等，必須基於尊重隱私權和智慧財產權等原則，取得同意後才可發稿。

四、公關工作內容違背個人價值觀

美國的天主教會聯盟，曾經委託公關公司針對國會與社會大眾進行反墮胎的宣導活動。然而，當公關公司承接此一客戶時，卻在公司內部掀起軒然大波。這是因爲公關公司內部的基層員工（第一線的公關執行）屬於年輕的一代，而大部分均爲女性，對於女性生育權自然較爲重視，但公司主管則基於獲利原則，仍然堅持照常執行業務。

一般來說，公關人員的價值觀有兩大來源，分別爲：

△自我設定：教育、宗教信仰、家庭或同儕團體……等影響，都會形成不同的標準，對公關人來說，遵循高標準的道德精神，可以建立本身的專業形象，對於長遠公關生涯來說是必備的條件。

△社會影響：媒體報導、社會輿論以及團體的影響……等，對公關人的道德也具有指標性作用，有些行為的判定，會因個人價值觀不同，而有不一樣的評價，要設定標準，可能要因地、因時制宜。如果個人觀念與社會基本價值觀有所衝突，則一定要修正。

公關公司的員工是否應該違背自己的價值觀，爲自己並不認同的觀念或產品服務？我們的見解是，即使違反自己的價值觀，爲自己並不認同的客户提供公關服務，並不會違反任何一條公關專業規範。但是，如果公關人員並不認同客户，又如何能全力投入，付出熱情呢？再者，當公關公司在服務有爭議的客户時，也必須謹慎思考，此舉是否招致社會批評，反而影響公關公司與客户的形象，造成反效果，甚至因此丟掉其他的客户？

以曾經服務美國天主教會聯盟的公關公司爲例，當總裁決定承攬此客户時，兩位員工馬上辭職，某家企業也決定不再委託這家公關公司，許多主張生育權（與反墮胎團體相對抗）的組織成員更批評：怎麼可以用公關的手法，來將某種受爭議的意識型態，強加於社會大眾之上？更有大學教授直言，運用公關手法來推銷宗教或道德概念，不但動機可議，而且也「很不道德」！

知名的公關學者丹尼司・威克斯（Dennis L. Wilcox）在檢討這個備受爭議的個案時，曾經引用美國公關協會專業規範中的「公平」與「誠實」交易原則，批評該公關公司舉措之不當。他特地指出，這家公司在承攬天主教聯盟的「反墮胎」議題之前，已經爲其他宗教團體和支持生育權的客戶（如製造避孕器材的廠商）提供公關服務。如此一來，自然不應再爲理念或立場相左的客戶提供服務。

▼給公關人員的建議之一：遵行遊戲規則▲

球場上裁判的工作是「監督比賽過程」（keep an eye on the game），然而，職場上並沒有裁判，若不是由「參賽者」進行「自律」，訂出比賽規則，又如何能分出彼此的高下呢？

「遊說」是公關工作的一部分，但它並不等於「關說」。遊說是以周詳的資料，有說服力的議題、確切的數據、完整的民意等，提供給決策單位、民意代表與媒體。而同樣欲達到目的，關說則是爲社會大眾所唾棄的，差異則是「不擇手段」，在道德上不僅是瑕疵，更涉及法律問題。

也許有人會問，同一個案處理中，會不會有「遊說」與「關說」並行的情況發生呢？檯面上的「遊說」動作如民調、公聽會、專家學者意見整合，都會是公關從業人員的主要工作；而「關說」的工具大多是利益交換，公關人員不僅不應負責，也要秉持專業自律的精神，向客户進行道德勸說，避開「關說」行爲，而以「遊說」爲重。

給公關人的建議之二：「誠實」為上策

如果你是上市公司的公關從業人員，在發布訊息時，便已受到極嚴格的管制。上市公司的重大訊息，從記者會召開、公司配息、盈餘、新產品、合併、人事異動、研究發展，乃至於季報及年報……等訊息，都有嚴密的規範，而一切的最高行爲指導原則，仍以「誠實」爲最高指導原則。所有的公關議題，都必須完整處理，言出負責且正確、迅速的面對之。

在道德上可能有所爭議的話題，就必須秉持個人價值，考量社會公益精神後予以面對。舉例而言，爲香煙公司作公共關係可說是既具挑戰性，但又非常困難。這是因爲受限於菸害防治法，香煙公司的產品銷售受到反菸團體的監督，其產品形象當然也就不易經營。在「言論自由」的保護傘下固然可以傳遞訊息，但從業人員的內心深處，若無法認同「抽煙」行爲，就必須愼重考慮，是否應該繼續爲其服務。

公關人員仍可設立不同的工作原則，例如配合菸害防治法，宣導不能販售香煙給十八歲以下的青少年，或是不做促銷香煙的公關活動，只作公司形象等。但這些僅能做到調適的層面，如果內心的道德標準仍在掙扎，就得壯士斷腕。畢竟，國外的個案告訴我們，大量承接有爭議的客户，固然可以幫助公關公司「衝業績」，但爭議一旦浮上檯面，形成話題，反而讓公司形象身陷危機，甚至失掉更好的客户，得不償失！因此，公關專業中的倫理問題討論，絕對不是八股文，也不是打高空，而是公關人員每天必須面對的嚴肅議題，有賴同業以智慧來解決這些爭議。

危機處理

公關人員面臨最大的專業挑戰是「危機處理」。「危機」考驗企業主的智慧，也攸關企業形象和永續發展。「危機」若處理得好，不但可化「危機」爲「轉機」，甚至可以鞏固企業的品牌形象，讓其競爭力不減反增。反過來說，如果企業忽略「危機」的致命殺傷力，不但形象受損，市場競爭力也會大大減弱，甚至危及企業的經營。

▼危機的定義▲

何謂危機？波士頓大學知名的公共關係教授奧圖・樂賓爵（Otto Lerbinger）的著作《危機管理》，將危機定義爲「導致一企業組織陷入爭議，並危及其未來獲利、成長，甚至生存的事件」。由於危機需要即時迅速處理，而危機也不只發生於企業組織。非營利事業如政府或公益團體，都有可能面臨重大爭議，因此我們可以略微修飾樂賓爵的解釋，將危機定義爲：「讓企業或組織陷入重大爭議或險境，並危及其未來獲利、成長，甚至生存，需要相關人員在短時間內解決的事件。」

樂賓爵教授也提到，現今企業處於一個不確定性日漸升高，產品在市場上生命週期逐漸縮短的競爭環境。無論是政府法規、消費者對於環保、動物權、人權議題等訴求、同業之間的惡性競爭等，都會對企業投下經營變數。由於危機具備突發、不確定、時間緊迫等三種特性，如何面對不確定的變數，在時間壓力研擬對策，需要公關人員的經驗與智慧來解決問題。

危機處理前需掌握四元素

面臨危機的企業，在尋求解決之道前，都必須充分掌握四個關鍵元素：

一、危機的類型、可能涉及的範圍及其影響

樂賓爵曾經將危機的類型分爲三大類，分別爲自然災害、人爲破壞和管理疏

失。這三種類型的危機各有不同，其涉及的問題範圍、社會大眾如何看待此一危機？造成的影響是什麼？都不太一樣。因此企業有必要先掌握導致危機的問題本質，並評估它所造成的影響（損失）爲何？

二、危機發生時，企業所處的環境

這裡的「環境」定義很廣，包括一般人對於這家企業的觀感或瞭解程度（企業形象或是產品、服務的滿意度）；危機發生時，是否已經觸犯法律？若是不涉及法律問題，而僅是道德爭議，則主管該企業或產品的政府機關態度如何？越能清楚掌握企業在危機時所處的環境，越能有效地釐清並解決危機。

三、企業內部的管理流程，工作環境和組織文化

令人尷尬的是，許多企業的危機來源竟然是員工！這是因爲企業的任何重要決策或作爲，員工往往首當其衝，屬於最快且直接被影響到的人。若在組織管理的過

程中，因爲一些不當的措施甚至是錯誤決策，導致員工權利受損，或是管理階層與員工關係惡化，則藉由員工之手爆發危機，則是可以預料的事情。

再者，危機的發生，或許不至於由員工引爆。但它往往昭示了組織內部管理的疏失，例如產品設計不良、品質管理流程不當，或是客服人員危機感弱、處置有誤等。因此透過危機的教訓，重新檢討組織管理的環節，確有其必要性。

四、危機處理的權責

一家企業發生危機時，誰應爲此事負責呢？企業高層是否成立危機處理小組？如何分派權責？如何設置決策、處理與回報的機制？如何確保政策下達之後有被確實執行？誰擔任發言人？何時開記者會是最佳時機？有必要在危機現場附近設立媒體聯絡中心嗎？平時是否曾就類似危機進行沙盤推演？

「危機」並不只發生於企業，政府或任何非營利組織同樣也有可能面臨危機的挑戰。對台灣政府來說，二〇〇三年面臨的最大挑戰，是SARS（嚴重急性呼吸道症候群，大陸稱之爲非典型肺炎）的危機。

在台灣，無論是中央政府也好，地方政府也好，在面臨緊急且重大的公共危機時，往往很難馬上建立一個有效的應變機制。原因在於官僚機構有一個相當繁瑣，甚至曠日廢時的決策機制，而各個部門往往各自爲政，缺乏一個強力的水平（權力平等的各部門）與縱向（上下部門之間）統籌。當危機來臨時，從開會、決議、簽報公文到實際的執行，常拖延甚久，常予人延誤處理，不若民間團體靈活的印象。若是部門主管輕忽問題的嚴重性，或是給予錯誤的危機處理指示，所造成的負面後果，實在令人難以想像！

危機處理原則

一般而言，處理危機時有幾項大原則的應變策略：

一、不論是哪一種危機，直接因危機而受害（或受影響）的公眾必須優先處理

這往往意味著企業的員工（例如廠房災變或意外）或消費者（因使用該品牌之產品而受害）和他們的家屬，必須是危機處理第一步驟中，優先溝通和安撫的對象。

二、馬上進行調查，釐清事實，瞭解責任歸屬

企業進行危機處理時，一定要充分掌握自身的法律和保險等問題。這並非鼓勵企業推諉卸責，而是很多時候，企業也是危機的受害者！而在公關實務界，確實也存在著許多誤用產品所導致的消費者糾紛個案，足以讓所有的企業引爲殷鑑。瞭解責任歸屬的目的在保護企業形象與權益，將危機導致的損害降至最低！

三、企業若已經確認責任在己時，則應誠實面對，承認錯誤，並進行高標準的處理，而非掩飾太平，讓事端擴大，甚至不可收拾

企業一旦面臨危機時，若能夠儘早處理，消費者也能夠瞭解企業處理危機的誠意，企業形象也能早日修復。反之，推諉卸責的企業，予人不負責任的惡感，在資訊發達的今天，根本沒有隱藏的機會，這會大大折損企業整體的競爭力。

四、審慎處理媒體關係

危機處理雖然講求速度，但也要求「百分百謹慎」。大眾媒體要求最新、即時的訊息，所以危機處理者也往往必須面對媒體咄咄逼人的詢問。媒體關係處理原則之首要，是迅速做出危機處理決策，並務必告知媒體「危機已經被有效掌握」的訊息。當然，媒體或許並不以公關人員的告知爲滿足，他們常想問一些公司前景，股市表現的問題，或是突破封鎖線，直接進入案發地點，取得第一手的災變資料。有時候，媒體也會接近公司其他主管或員工，試圖以旁敲側擊的方式得到一些額外或他們認定與「官方」發言矛盾的資訊。

如何處理這些棘手的媒體關係問題呢?

△首先,平時在組織內部進行危機處理訓練相當重要。因為透過平時的預演甚至反覆練習,上至董事長,下至負責總機的員工,才能瞭解,危機發生時最關鍵的媒體策略是「對外發言口徑一致」。為什麼呢?因為唯有組織同心同調,媒體才無法見縫插針,從而杜絕「媒體驚爆內幕」、「媒體搶獨家新聞」的可能性。

△再者,危機發生時,高層成立危機應變小組後,應當是分派任務,指揮並監督屬下進行危機處理,而不是窮耗時間在應付媒體(記住,媒體並非危機發生時,企業必須第一優先處理的對象)。有效的媒體關係策略,在於建立好的發言人制度,由嫻熟媒體關係業務,又能與危機處理負責小組充分聯繫,表達能力良好的主管擔任。發言人必須被充分授權,賦予完全的信任,才能發揮所長,協助企業度過危機。

△最後，許多重大危機發生時，特別是人為或天然災變，成立臨時媒體聯絡中心有其必要。成立此類中心，除了設立通訊機制，便利記者回報報社或電台，也可定時舉行記者會，增強與媒體之關係。

▼危機處理實例探討▲

當然，上述的危機處理應變策略僅是一些大方向的建議，若牽涉到實際的執行層面，仍必須針對個別的危機個案（危機的屬性、產品或服務的不同）去作調整。以下我們就以喧騰一時的台北市「和平醫院封院風波」爲例，詳細剖析危機處理的實際作法。

自醫療專業觀點來看，封院的決策基於「『隔離』是有效阻絕SARS繼續蔓延、擴散」的假設，應該是正確的。事後主其事者也聲稱「封院」是國際疾病管制專家所建議。然而，並不是一個大規模封院決策，就能夠概括危機處理的過程！這其間

SARS
立入禁止
立入禁
入禁止
立入禁
禁止

存在著深刻的「人」與「大眾恐慌」的問題，必須加以審慎的看待。

對公共衛生決策者而言，「隔離」是爲了解決問題。對公關人員來說，運用公關的手段，也是爲了解決問題。然而，這兩種問題的屬性是不同的。我們固然支持「隔離」措施，但不能不針對「隔離」之後的細部作法，以及引發的種種問題，從危機管理的角度，重新加以檢討。

封院的指令，是否能被有效貫徹呢？封院之後的院內管理由誰負責？封院之後的物資與防SARS等物料是否足夠？重症病人的照料是否不成問題？感染控制是否能落實？最重要的是，封院之後，如何安撫那些被隔離在內的醫療人員、行政人員和一般民眾？

若上述問題的答案大部分都是負面的，那就是封院的指令雖然達成，但卻造成更多危機，而其關鍵在於缺乏有效的溝通，與隔離之後的物料與醫療資源匱乏。則我們可直言，這樣的危機管理，只解決了前半部，但卻忽略了後半部，不但值得政府官員深切檢討，也值得所有公關人員引爲警惕！

就危機處理的角度來看，在下令封院的大概念下，決策者應有更多細緻的操作，此舉可對應到前述危機處理的第二元素：「危機發生時，必須充分掌握企業所處的環境」，與第三元素「掌握內部管理流程與工作環境」。

事實上，在和平封院前，若負責公關的官員能適時建立一套有效的醫院對內和對外溝通系統，可將危機引發的損害降至最低。切記，溝通的前提是「降低恐慌」，而非「製造更多的恐慌」。畢竟，溝通有助於安定人心，而非製造更多的混亂，所以決策者言行不能不慎重。

當時封鎖和平醫院的指示一聲令下，院內許多人紛紛「落跑」，包括前來院內施工的裝潢工人在內。封院之後，在市場激烈競爭的現實考量下，媒體也常常勇敢地穿越封鎖線，進入禁區採訪，微薄的警力並無法維持一個有效的封鎖狀態。這樣的情勢發展，令人不禁質疑「封院」是否有實質功效？

若是台北市政府新聞處能夠在第一時間內，在封院點附近迅速成立媒體聯絡中心，定時發言、舉辦記者會，並落實封鎖線管制措施，以視訊系統的方式暢通院內對外溝通管道，相信封院後三天不至於處於如此混亂之狀態。

除此之外，若台北市政府可以仿照颱風來襲時，成立「預防SARS二十四小時勤務指揮中心」，也就是前述危機處理之第四元素「迅速釐清權責，規劃責任編制，馬上進行處理」，相信可達成更全面性的疾病管控效果。

當台灣媒體對於落跑者大加撻伐，將其「臨陣脫逃」的過程以大幅照片登出，並以時代雜誌稱香港醫護人員爲「抗疫英雄」的報導作爲對比時，固然可以製造一種「勇者/弱者」尖銳對比的新聞點，讓社會大眾在惶惶不安的瘟疫蔓延時期找到情緒的宣洩出口。但是媒體也好，政府主管也好，一味抱持著責罰的心態，卻忽略了公關危機處理策略的首要建議：一定要優先處理直接受影響的目標對象之利益：包括他們的實際生活狀態，並解決其負面心理感受。

任何負責危機處理的人，一定要有同理心（empathy）的觀念。下令封院時，決策者不能不考慮到院內員工的「實際生活狀態」：封院之後，有家庭的工作人員如何托兒、照料雙親？病患家屬如何向公司請假？封院之後，在人心惶惶之際，有無具份量的醫療專家出面進行分級，分層隔離？尤有甚者，決策下來之後，主管如何安撫和平醫院被隔離者的心靈，並提供足夠的輔導與支持？這都是主其事者應該深切檢討的。

要檢討什麼呢？政府高層以及其幕僚若必須在短時間內下達重大決策，必須要進行沙盤推演，討論決策執行之後可能產生的後遺症及應對方式。訓練有素的公關實務人員可能聽過「逼進死巷裏」的企劃思考方式。以前筆者在偉達公關所受的訓練是：無論是一般行銷個案亦或危機處理個案，企劃發想的初始思考都應當是不受限制的。然而，當決策制定後，「逼近死巷裏」就成了檢視企畫案或決策可行性的必要步驟。

所謂「逼近死巷裏」，就是在決策研議過程中，公司內部組成另一小組，不停地質疑且挑戰企劃執行時的各個環節，推演是否有可能發生突發狀況。這個小組並非是來找碴的，而是站在執行面的立場，設想各種影響執行成果的因素，提醒主其事的公關人員事先排除障礙，將決策執行的風險降至最低。透過「紙上談兵」，挑戰小組與被挑戰者之間來回的腦力激盪，可以讓個案執行的細節更加具體，照顧到大大小小的環節。

在台灣的SARS危機當中，在和平醫院封院後，防護衣和口罩的配給、院內感染的問題一一引爆，甚至有染SARS病患自覺生存無望，又因傳染給別人而引咎自殺。這些不幸的事件，在在凸顯主事單位，在回答了封院、驅散、轉診等大方向的選擇題後，缺乏進一步的細部規劃。倘若具備「逼近死巷裏」的公關企劃概念，這些受過專業醫療訓練者以及公共衛生管理者，應該可以輕易地事先定義封院的風險，想好因應危機的對策。如同小學生在考數學時，若是能培養「驗算」的概念，將答案寫出來之後，自結果反推，一項項防堵可能發生錯誤的地方，即可有效降低危機發生的機率。

必須再次強調，針對危機的威脅，決策者所有的做法，都應以「短時間內可以有效解決問題，並將後遺症降到最低」爲目標。從公關或溝通管理的角度來看醫護人員落跑的問題，應當注意遣詞用句，不可以激發目標群眾激憤，反招致負面效果。

誠如前述，公關危機管理的第一要素，就在於一定要優先處理直接受影響的目標群眾之權益，畢竟他們是第一線面對生死關頭的人，而不是坐在電視機前，絕大部分未感染SARS的觀眾。因此，當市府高層表示「封院時落跑，視爲敵前抗命」時，實在有欠妥當。

爲什麼不妥當？這句話固然可以凸顯高層封院的魄力與決心，但對於第一線冒著生命危險的院內被隔離者，卻是最大的打擊與挫敗！相信大家也都知道，「敵前抗命」的下一句是「格殺勿論」，用打仗的語言來形容高層的魄力，這樣的說法並不會解決問題，也不恰當。

新光醫院副院長黃芳彥曾指出：台灣的醫護人員，在面對SARS時，其實是勇敢不願退縮的。除了最初於未知情況下感染的個案外，後續醫護人員在知曉危機的狀態下，依舊勇往直前。相較其他國家，台灣醫界已將「人」放在優先處理的位置，從醫護倫理的角度來說，台灣的醫學訓練可謂成功，但也凸顯了台灣的醫學訓練向來講求搶救第一，卻缺乏妥善自我保護的概念。從風險管理的角度看來，此舉反而容易造成疫情擴散，醫護資源的嚴重折損。換句話說，台灣的醫療人員，絕非「敵前抗命」，而是「敵前勇猛」！

「調查後，釐清事實」也是危機發生時相當關鍵的工作，可與前述危機應變的第二個策略互相呼應。這有助於事前評估對應政策是否有效，以及執行程度應當是如何。

換言之，危機管理者必須對目標對象所處的風險有充分認知。比如說：根據全球各地所提供的實證資料，SARS的致死率並無超過5到10%，足証SARS並非致命疾病，更不可能攀上台灣十大死亡病因排行榜。再者，戴口罩是沒有辦法百分之一百的預防SARS。是否處於密閉空間、與病人是否直接接觸、接觸當時病菌的濃度等，才是正確判斷感染風險的基準。所以確實量體溫，培養良好的衛生習慣，才是防疫宣導重點。

注意危機所引發的「漣漪效應」

另外，危機管理者對於SARS引發周邊的「漣漪效應」，也應當有充分的認知。SARS雖然是近年來在台灣民眾心中引發最大危機感的流行性疾病，但這種恐慌，對其他的流行病防治宣導，會不會產生相對性的擠壓效果？比如說：在SARS蔓延同時，台灣也有其他傳染病的死亡病例（例如腸病毒、登革熱），媒體並未予以大篇幅的報導，但這並不意味著防疫單位可就此鬆懈，而是應該小心追蹤各種疫情的控制情形，並充分告知社會大眾。

任何一種疾病，代表的都是對人的威脅與風險，在進行風險預防與管理工作時，更需要長遠的考量。SARS的危機，從未知到逐漸了解，疫情漸趨和緩，受到有效控制。然而，後續引發的種種問題，如漂白水濫用是否對環境（例如我們所仰賴的水源）造成污染，大量增加的丟棄式口罩不斷形成垃圾，導致環保局處理的負擔……等，這些都凸顯了危機過去之後，主管單位缺乏一個處理「漣漪效應」的標準，而這些考量在危機管理過程中，都是必備的。

或許有人會問：這些防疫單位是由專業的醫療或公共衛生人員所組成，要他們具備危機處理或風險管理的專業知識，是否過於強求？事實上，醫學院早已在醫療或護理專科之外，增加了醫務管理專業訓練。從和平醫院封院事件來看，我們看到許多醫護人員在資訊不足的情形下，面臨SARS危機，仍未有足夠的能力應變全局。

從教育的觀點來看，在目前的醫護教育中，已有人主張加強行銷、傳播、管理等相關課程，但或許受重視的程度仍不夠。SARS危機凸顯了醫療體系中的種種弊端，包括健保制度實施後，市場導向的醫療制度使得感染管控部門效能不彰，而醫界中科層嚴明的倫理體制，也使得疾病管制措施推行的難度增加。此外，責任單位的工作人員不夠了解工作執掌，也會影響危機發生時，整個危機處理體系的運作。

值得欣慰的是，經歷此一教訓，衛生單位的緊急應變措施逐漸增強，而危機處理的流程也逐漸明確、標準化了。不但衛生主管單位的網站有防疫標準流程可供民眾下載，各地醫院也針對了疫情作沙盤推演，從經驗中成長，是培養後續危機處理能力的重要條件。

SARS危機或許凸顯了大眾媒體貪快，查證不實或撒狗血的現象，但我們也不要忘記許多高品質的深度報導，它們提供完整的知識，其價值並未被抹煞。公共電視和探索頻道的SARS專題，收視率和媒體網站的相關點選率都非常高。足證在危機發生時，媒體未必扮演扯後腿的角色。只要充分掌握媒體的特性，善盡告知社會大眾的職責，媒體絕對可以在危機處理中，扮演十分正面的角色。

其實，疾病或災變並不可怕，最可怕的是事先的忽略與事後的不當處理，才會使危機擴大，甚至不可收拾。

危機管理的應變策略之第三條：企業應誠實面對危機，承認錯誤，並進行高標準的處理，而非掩飾太平，讓事端擴大。

▼經典的危機處理個案：嬌生公司處理藥品被下毒事件▲

多年前美國知名的阿司匹靈「Tylenol」製造廠商嬌生公司（Johnson & Johnson）曾發生阿司匹靈在零售點被灌入劇毒氰酸鉀，導致多人服後暴斃，引發大眾嚴重的心理恐慌，損失十分之慘重。嬌生公司的止痛藥產品，在製造過程中，從未考量過可能會遭人下毒，以致安全防護措施不夠，確實有疏失。但此種無動機的惡意行爲，導致無辜者的死亡，嬌生公司原本也可以推託是外力造成，他們自己也是受害者，藉以躲避過失責任。

然而，嬌生公司總裁仍一肩扛起所有的企業責任，公開召開記者會，表示將回收所有的產品，造成之損失達數億美元以上，難以估計。

經仔細研究之後，嬌生公司認爲，產品之所以被人下毒，是因爲藥品罐的包裝不夠安全。因此，在舊產品回收之後，嬌生馬上推出改變包裝的新產品，加強開罐的安全措施。這種「雙重安全包裝」概念的新版阿司匹靈，一來可以避免兒童誤食，二來也可以有效阻絕歹徒下毒的勾當。

改變包裝的產品回到市場後，銷售量在很短的時間內回升，Tylenol很快地穩住阿司匹靈領導品牌的地位，被下毒的危機於焉解除，嬌生公司也打了一場漂亮的危機處理戰。

台灣的罐裝飲料氣爆事件

對從事製造業的企業主而言，廠房管理與產品安全性可說是息息相關。數年前在台灣，曾發生短短數天之內，不同的飲料廠商，飲料鋁罐先後氣爆的事件，造成很大的風波。筆者當時的飲料商客户，都發生了類似的危機個案。經過緊急調查的結果，我們才發現這是上游供貨商鋁罐廠的問題。問題癥結在於：只要有一點點壓裝或運送過程的疏失，飲料在超市上架後，就容易產生氣爆現象。

當大眾媒體開始密集地揭露罐裝飲料氣爆事件後，由於這並非單一廠牌的危機，因此眾多廠商連夜開會，擬定危機處理策略如下：

- 同批次產品應下架，全面回收。
- 釐清狀況，瞭解目前何人、何地，受到波及之嚴重程度等。
- 告知社會大眾：包括刊登廣告宣布回收資訊、對媒體發新聞稿等。
- 後續補貨方式並規劃補貨流程。

如何規劃危機過後的預防策略，也值得所有危機處理者留意。筆者任職於公關公司時，曾經發生過有人主動向媒體披露，高雄某市立醫院和藥廠勾結等弊端。新聞涉入者之一的藥廠正好是筆者服務的客戶，在媒體曝光之後，由於全案已經進入司法程序，因此公關公司並沒有特別針對此案做任何形式的危機處理。主要採取的應對措施，是針對全體成員，重新進行危機管理之訓練。我們以「打預防針」的比喻，教導員工如何面對並處理未知的危機，成效相當良好，該藥廠後來也沒有再引發媒體負面報導的危機。

如何應對媒體的詢問

平時危機處理的訓練是有其必要性的。面對媒體時，負責發言者有無接受過訓練，其差異十分明顯。危機發生時，除非公司馬上封鎖，或是找保全人員有效地隔離媒體，否則公司中每一位員工都有可能面對媒體的詢問。

還記得前述與處理媒體關係相關的危機處理應變策略建議嗎？從上至下，所有的員工「對外發言口徑一致」是危機發生前就應該反覆推演的動作。讀者可能對這樣的電視螢幕畫面很熟悉：某一公司發生爭議或危機時，媒體前往採訪，在找不到發言人和高層主管的情況下，畫面上總是呈現媒體記者與總機小姐或不知情員工的慌張對答。可想而知，這樣的媒體曝光必定導致投資人或消費者對於該企業的形象大打折扣。因此，這足以證明，爲什麼公司應當嚴格執行發言人制度，以便有效控制公司的立場與說辭。

由於現在的媒體競爭激烈，媒體找尋新聞，已經不再是被動的仰賴固定消息來源（例如企業公關）供稿，或是將別人傳眞或電子郵件寄過來的新聞照抄後登出。「弊案」或「醜聞」已經成爲媒體卯盡全力追逐的焦點，而許多媒體也都開設了投訴專欄，吸引了許多消費者投書，揭露與企業有關的消費糾紛。這些消費糾紛形形色色，需要危機處理者特別花心思去解決。

欲妥善處理這類的媒體投訴，企業公關部門需要和法務部門有更頻繁的互動。例如：企業應媒體請求，回答消費者的投訴信件時，其回應內容一定要經過法務部門的詳細審核，在法律問題方面確實把關。對外溝通方面，則端賴公關人平時危機處理訓練的成效。

特別是針對電視媒體，短短的十幾秒鐘，如何言簡意賅，清楚地表達公司的政策和立場，並且嚴守法律上的界線，保護客户的權益，是公關人員的重大挑戰。太過保守的發言，不但有損企業形象，更會造成記者的反感。一名好的的公關人員或發言人，其EQ要非常高，能夠創造緩頰的空間，替記者預留訪談寫稿的可能性，但也能有效保護企業利益。

即使面對媒體的詰問或套話，仍應保持沈著，遇到有些不方便回答的問題，仍應注意自我表達，小心設計訊息，避免落入圈套。如此一來，無論新聞片如何剪輯，引言如何被使用，都不會對企業形象產生任何危機。這並不表示公關人不尊重媒體，而是他們清楚企業所處立場，不允許針對某一議題表態或是發言，但仍須對記者表達某種程度的善意，並適度傳達所處立場之困難點。記住：公關人沒有義務回答媒體所有的問題，特別是當問題與討論主題無關，且明顯傷害企業利益時。

可能有人會問：如果身處於跨國公司，一旦發生危機，而總公司又規定，非經總部允許，不可率爾對外發言。此時應當如何處理？倘若總公司要求分公司回報後再處理，在未有進一步訊息的前提下，面對媒體詢問，公關人員只需表示：「這件事情我們已經回報總公司處理，一有消息一定會通知，謝謝大家的關心」即可。有經驗的記者都會知道，這並非公關人員推託之語，而是部分跨國公司的政策，他們也會願意與之配合，在有明確消息後再發稿。

當總公司下達明確指示時，就是考驗公關人員智慧時：如何在媒體有限篇幅的報導下，清楚呈現公司的立場與訊息？此外，與媒體進行溝通時，許多細部的作法，公關人員應當謹記在心：

- 千萬不要讓媒體拍到發言者的後腦杓，這很容易給人「拒訪」的誤解。
- 穩定沈著，絕不針對任何事情發怒，永遠保持親切。
- 讓媒體永遠都可以捕捉到「微笑」、「感謝」和「揮手」的畫面。

▼度過危機之後的管理策略▲

當企業度過危機後，公關人員該如何思考「後危機管理政策」呢？

首先，危機是可以預防的，所有經歷過危機的人都應該知道，從演練中不斷學習，比危機發生後的防堵還重要。企業應當預先設想，未來還有可能發生哪些危機？並據此擬定危機管理策略，進行平面、電子媒體的演練，模擬記者會中的Q&A，提出各項問題的解決方案，並編輯危機管理手冊，規劃標準流程。此外，公關人員也應該廣爲蒐集危機個案，建立資料庫，研判各種個案被處理的模式是否得宜，作爲員工訓練的基礎。

再者，公關人也應問，危機熱潮之後，是否有人負起不斷回頭，省視過往的責任呢？危機所引發的後遺症不會因爲熱潮過去戛然而止，危機後的問題檢討、處理和防堵措施，其意義可能更爲重要。一九九九年發生九二一震災時，媒體與受災民眾群起要求政府購買救難犬，這項要求是否已經落實？救災和抒困體系是否已有改善？更令人一直無法忘懷的是，九二一災民的心理諮詢，如何從創傷走出來，如何重建心靈，隨著時間流逝，慢慢失去媒體的關注後，逐漸被大眾遺忘。問題的眞的消失了嗎？

第三，公關人也好，企業高層也好，在經歷危機大考驗之後，都必須理解，危機並非憑空生成，所謂「冰凍三尺，非一日之寒」！它可能反映了組織管理的漏洞。這時候，公司高層應有足夠的氣魄，藉此機會進行組織改造，重新出發，將可能再度引發問題的病灶根除，如此才是治本之計。

最後，我們也要鼓勵所有曾經面對重大危機的企業或組織，應以健康的心態面對危機。其實，危機就像一把鋒利的雙刃劍，它可能具備強大的殺傷力，重挫企業士氣，但危機也有可能除弊，將公司因循苟且的陋習一掃而光。危機常常是企業改革的契機：嬌生公司在經歷止痛藥被人下毒事件之後，以新包裝重新出發，重新獲得廣大的市場占有率；台灣經歷了SARS的威脅，從痛苦與教訓中學習，掌握傳染病防治的關鍵，並建立良好的危機處理流程。

凡此種種，都證明企業若未經歷危機的洗禮，哪能深刻體認危機防治的重要性，又何來組織和產品改革的氣魄呢？

公關與網際網路
檔案(F) 編輯(E) 檢視(V) 我的最愛(A) 工具(T) 說明(H)
連結
上一頁
搜尋
我的最愛
記錄
網址
http:// www. ·〜·〜 . com. tw
移至
公關與網際網路
開始
公關與網際網路

且讓我們從一個網路流傳的謠言案例說起。

有一封來源不明但在網路上被一再轉傳的電子郵件，對某家企業造成不小的困擾。該封信件質疑這家股票上市的公司「騙政府與投資人的錢」。爲了建立謠言論點的可信度，該封信件明確地指出該公司幾個關鍵人物的姓名，並且指證歷歷，指出某大企業已經退出投資，足證投資該公司「一點價值都沒有」。

隨著信件流傳幅度越來越廣，被點名的公司員工很快地也就接到此一信件，投資人與媒體的詢問電話隨之而來。意識到這封信可能對公司造成傷害，該家公司迅速地報請警察單位處理。然而，經過電信警察的調查，這封惡意攻訐的信件發信來源在國外，因此無從追查，也無法掌握發信人的眞實身分。

由於在報案的同時，這家公司陸續接到更多媒體記者與投資人的查詢電話，該家公司馬上召開危機處理會議，並決定向媒體發布新聞稿，澄清謠言。媒體接獲此一澄清稿後，隔天並沒有針對此一謠言作任何報導。

原本以爲這場風波可暫時落幕，沒想到公司員工又接到他人轉寄的另一封新的信件，繼續攻擊該企業。公司主管召來公關部負責人，授意公關部門籌備記者會，盡快與媒體記者面對面，澄清網路流傳的不實指控。

假設你是被主管找去負責召開記者會的公關人員，你會馬上執行命令，還是先評估一下情勢呢？衡量現有處理的狀況，你應該召開記者會嗎？往後公司再遇到謠言攻擊，公關部門要如何協助公司建立一套澄清謠言的方案？

假設你建議老闆，讓員工多認識網路在溝通事務上所扮演的各種角色，必要時可協助公司一起防堵網路流言，而老闆則授意，公關部應與資訊部一起規劃員工訓練課程時，你會怎麼安排這門課程呢？

隨著台灣的網路越來越發達，類似的情節正不斷上演中。對許多上市或上櫃公司的公關部門而言，任何關於公司的消息都有可能影響形象，甚至股價，因此企業公關人員處理訊息的態度都是十分謹慎的。然而，由於網路的匿名發言特性，使得網路上關於某企業/產品表現的討論，或是一些疑似造謠的信件，不但可以在很短的時間內大量流傳，其氾濫的程度也越來越嚴重。

企業或許可以對部分內容誇張、純屬情緒攻訐的言論置之不理，但無可否認的是，許多網路謠言常構築在似是而非的資訊上，有時以部分的事實來取信於收信者，有時以聳動的故事情節，甚至修飾過的假圖片或僞造的網頁取信大眾，讓社會大眾心生恐懼，寧可信其有，以保守的態度應對之，因而對謠傳中有問題的產品裹足不前。

台灣已經邁入寬頻時代，全民上網不但蔚爲風潮，企業對於網路也相當重視。除了架設企業網站外，部分企業更以「無店鋪行銷」爲目標，仿照國外成功的案例，在網路上大力拓展「電子商務」。對企業來說，網站似乎已經成爲「效率」與「利潤」代名詞。

然而，除了將網路視爲一種資訊平台，輔助行銷，或是將之視爲提昇效率的工具之外，企業對於網際網路對公關操作的影響，似乎並不怎麼重視。雖然這幾年來，英美國家的公關實務人員已經出版許多頗具份量的網路公關書籍，但在台灣，除了少數翻譯書籍之外，相關討論可說是少之又少。

爲了彌補這個缺憾，本單元特別從網路的發展、特性和運用出發，比較它與傳統媒體之間的不同，並實際探究它的運作形式，對於公關操作又有何影響？針對網路特性，應該如何研擬對策，有效地控制網路謠言，將它的負面效應減至最低？

網際網路的發展與特色

六〇年末，美國國防部創立ARPANET（ARPA爲Advanced Research Projects Agency之簡稱）。ARPANET有三大設計原則：分散式的資訊傳輸系統（不再由中央系統控制）、資訊共享（非營利性質）、給特定社群使用（例如學術、工業、政府等單位）。

七〇年末，數名美國大學生在兩所學校之間架設資訊交換系統，這就是新聞群組（USENET）的前身。新聞群組的定義是：網友依照不同興趣，自發性地成立不同的討論群，有點類似年輕人熱中的的BBS（電子布告欄）討論版。新聞群組後來進一步擴展爲跨地域的「新聞討論群」(newsgroup),使其討論的地理範圍更廣,提供全世界通曉該語言(主要爲英文)的網友交換意見。

九〇年中期,製造個人電腦中央處理器的英代爾公司,曾經對於在新聞討論群上,網友指責其產品有瑕疵的指控反應過慢,而爆發過一次形象危機。當時,在西方媒體報導中,記者特別將英代爾的疏失與沛綠雅礦泉水水質遭到污染一案並列,對其公關表現多所指責。

隨著時代發展,網際網路的發展已經與ARPANET時代漸行漸遠。雖然現今的網際網路部分繼承了當時草創的「資源共享、去中心化」的設計精神,但從實際發展的層面來看,對企業而言,網際網路正朝向「資訊付費、商務整合」的方向邁進。它的特色包括:

一、互動性

在網際網路中,資訊的消費者同時也有可能是資訊生產者。這是因爲網路是一個強調成員彼此互動的媒體。這也就是說，每一個從網路發出去的訊息，e-mail也好，在BBS參與討論也好，可能不是定論，而是必須經過虛擬空間中，來自四面八方的網友的討論。討論過程與討論結果一樣爲網友所重視，也因此網路上的人際互動如何「表達」，是有效溝通的關鍵。

二、即時性

網際網路的資訊時時可以更新，它改變了平面媒體的競爭態勢，如同有線電視開闢全天候的新聞頻道後，媒體的競爭就白熱化了！網友可上網瀏覽最新的新聞，颱風來時查詢氣象台的豪雨特報，乾旱時期時，也可以上翡翠水庫查詢水位狀態。「查詢最新訊息」是網友上網的重要目的。

值得注意的是，台灣雖然已經邁入寬頻時代，但若針對台灣前五百大企業搜尋其網站，仍有三成的公司沒有正式網站。許多企業雖然架設網站，但對於資訊更新並不重視，甚至有些過時的資訊，一放就是一年，讓消費者誤以爲是最新的訊息！

三、圖文影音整合

網路眞正能做到圖文影音等資訊的整合，瑞士研究員伯恩斯・李（T. Bernes Lee）是關鍵人物。他在一九八九年研發出「超文本標記語言」（Hypertext Markup Language，也就是大家熟知的HTML），也就是全球資訊網（World Wide Web）的設計雛形。

全球資訊網有何重要意涵呢？在人類傳播史上，首次可以利用虛擬空間，讓全世界擁有電腦或有上網資源的人，只要裝置瀏覽器，就能夠接觸到各種形式的數位化資訊（聲音、影像、圖片或文字），必要時也可以參與互動，這樣的發明，可說是開啓了虛擬通路的概念，讓網路在商業界迅速普及。

如今，軟體公司會在網路上提供軟體試用或更新；電影公司會在電影首頁提供電影宣傳海報或明星的圖檔讓影迷下載，充當電腦的「桌布」；人壽保險公司會成立健康網站，宣導養身之道，並取代原先的紙本刊物，不但可降低成本，也達成環保目標；政府單位在官方網站貼出最新政策，並有各類新聞稿以時間順序列出，供媒體記者參考、瀏覽；房屋仲介公司在網站介紹欲租售的產品，甚至讓網友模擬三度空間的瀏覽方式，體驗房屋的大小、方位與格局；在台灣，幾乎所有的金融業都有網站，不但有各種投資、理財、匯率等資訊提供網友查詢，更有轉帳、下單等各種功能。

拜好用的HTML之賜，企業網站的內容整合了各種形式的資訊，讓企業經營呈現無限的可能。

四、閱讀型態的改變

以當今最普及的網路功能——全球資訊網爲例，網友只要在網頁點選連結，視窗馬上打開，帶領他們遨遊於另一虛擬天地。若是電腦資源允許，視窗可以同時打開多個，使用者也就可以在虛擬空間中，跳躍地進行瀏覽。值得注意的是，閱讀網頁的方式與閱讀傳統媒體是不相同的。

我們在看報紙時，會循著報社的編輯安排，將報紙分爲要聞、地方、影視體育、分類廣告等好幾「落」。一般而言，編排順序越前面的「落」，代表在編輯心中地位越高，其新聞也就越重要，讀者也可根據自己的興趣選擇要看哪一「落」。瀏覽新聞的標準，常以頭條標題爲主，順著編輯製作專題的方式，作大片式的瀏覽。

當觀眾在看電視時，閱讀的方式是線性的。這是因爲觀眾必須順著電視新聞編輯安排的稿序與播稿內容，才能瞭解新聞的梗概。電視觀眾不像報紙讀者，可以反覆閱讀某一新聞，電視新聞稍縱即逝，與強調深度或專題報導的報紙相比較，電視觀眾接收的訊息較爲簡化，但即時性較高。

網際網路的編輯方式與電視新聞有點類似，都以簡化和即時的方式呈現訊息。然而，在網路上瀏覽訊息的方式卻不是線性的。這是因爲在使用網路的過程中，網友的主動性高，當他使用google搜尋訊息時，相關的訊息會從四面八方「跳」出來，此時網友可按照自己的習慣閱讀，這並非網站編輯可以控制。

以重大災難爲例，網友可以很快地在網路上閱讀相關報導，除了閱讀主要新聞外，還可以點選前後相關的災難訊息。在這同時，他可以同時連上網路上的討論群，針對此事發表議論。若此一災難牽動了金融行情，他還可以連上證券公司的網頁進行網路下單或賣出等交易，或是寫電子郵件給朋友號召救難工作或善心捐款。換言之，網路綜合了傳統媒體的特色，但它的功能更加多元化。

五、虛擬社區逐漸形成

網路上大部分的資訊都有「分眾化」的傾向。這是因爲網路上行之有年的新聞討論群或電子布告欄，都是按照網路使用者的興趣分門別類。同好之間彼此不但透過網路交流，也在眞實世界中彼此聯絡感情，甚至建立情誼，形成一個多功能的社群。此一社群的成員平時在網路上討論感興趣的話題，私底下也會舉辦「網友聚會」，必要時甚至可鼓勵網友行動。在台灣，每一個企業幾乎都有代表公司的電子信箱或客服電話。若是某一社群對企業的表現不滿，在網路上號召社群成員發動抗議、拒買或杯葛這家企業的服務或產品，公關人員應該如何解決？我們稍後會有更詳細的說明。

六、使用網路反映了世代差異

台灣的網際網路於九〇年中期開始蓬勃發展，而隨著校園、辦公室e化的普及，使用網路的人也越來越多，政府推動「三年三百萬人上網」，不到三年就已經達成目標，可見台灣網路普及之快速！

值得注意的是，經常使用網路者，與不常使用者有明顯的世代差異，而彼此的消費習慣與價值觀也不相同。高度使用網路者普遍年輕，習慣以網路解決生活與工作大部分的問題，也因此上網消費的比例有升高趨勢。這也就是爲何許多企業紛紛利用網站大作活動促銷，以參加贈獎或線上折扣爲誘因，蒐集這些年輕世代的資料，甚至推動線上會員制，鎖定虛擬社群進行行銷活動。換言之，網路作爲行銷通路已經越來越普遍，這對傳統媒體自然有一定的影響。

七、網路的匿名性

在網路上，使用者有許多方式可以掩飾自己的眞實身份，這使得有心人有恃無恐，編造純屬子虛的訊息誤導他人，若是謊言編得唯妙唯俏，讓大家信以爲眞，造成許多難以收拾的後果。在網路上，由於轉寄信件幾乎不需耗費力氣，成本也相對低廉，許多網友常向自己的親朋好友寄出不實的傳言，而部分與「不要用XX企業產品」主題有關。轉寄謠言之所以如此普遍，或許是因爲網友出自善意，希望警告他人小心，但更重要的原因，仍然是因爲網路尚未建立一套有效的監控與查證謠言的機制，網友抱著「寧可信其有，不可信其無」的心態，以消極的態度應對，更需要公關人員以智慧來有效處理網路謠言的問題。

▼公關人員如何運用網際網路▲

當我們談到網際網路在公關專業上的運用時，可以將討論重心放在網路特色對於公關業的影響，包括網路發展對傳播類型和溝通策略的調整、網路資料庫的運用，以及網路對於工作效率的增進效果等。以下針對公關人員的網路運用與企業體的網路傳播兩方面，進行深入討論：

一、電子信件（e-mail）

△可作為企業內網路（intranet）的重要工具：在企業組織或公關部門內進行溝通，減輕人工傳遞文件耗時費力、延遲書信往返的不便。

△可作為組織重要的傳播工具：特別是針對大型企業員工所做的電子版新聞信，隨時發佈企業最新動態、各部門的表現評估、部門之間的聯絡狀況與員工的異動消息。傳統的組織內部刊物從邀稿、收件、編輯、排版、印刷到發行，需要相當長一段時間，使得組織內部刊物失去其時效性，電子版新聞信可彌補其缺點，時時更新企業動態，並發布最新消息。

△可作為公關公司與客戶之間聯絡的利器：特別是客戶為國外企業組織或科

技公司時，網路可增強跨地域溝通的效率與便利性。公關人員也可與客戶聯絡人利用國際多人聊天網路直接進行多邊對話。許多跨國公司現在更利用寬頻之便，進行跨國性的「電子會議」(e-conference)。在SARS疫情蔓延期間，此項工具受到企業重視，成為企業應付外來危機時的溝通利器。

△可作為公關人員與媒體之間的溝通工具：台灣媒體記者利用網路查詢資料，接收公關人員的新聞稿信件等，已漸漸普遍。許多電腦科技雜誌的記者甚至要求消息來源或是公關人員全以網路方式傳送消息稿，而在國外，更有許多媒體表明不希望公關人員以郵遞方式送新聞資料，否則一律拒收。有時候，公關人員可能因為實際需要，必須傳送較長的消息稿，這時就有必要在消息稿前先寫一段新聞摘要，或是在下新聞標題方面特別留意，以免媒體因參考新聞稿件長度過長而忽略。如果寄送的資料較為繁瑣，也應該在信件內容中向記者說明附件清單，或是附上網址連結，以解決檔案過大的難題。

△可作為安排企業組織發言人接受採訪的傳播工具：電子信件也可作為拓展企業組織知名度與建立專業性的利器。例如美國紐約州立大學Stony Brook校區所製作的「教授連網」(ProfNet)，提供媒體一千兩百餘位教授的採訪名單，可針對不同的專業領域，選擇適合的採訪對象，進行電子信件式的訪談。企業公關人員也可比照此一模式，預先設定好：針對不同的新聞話題，指定不同的採訪對象，任何採訪要求都可遵循一定的流程，讓企業中的專家各司其責。在美國，私人企業與非營利組織也可在媒體記者組織的網站上登記，提供可被媒體採訪的專家名單。

二、全球資訊網(World-Wide Web，簡稱WWW)

△開拓公關業務：公關公司可以藉由全球資訊網提供基本資料、強調公司服務項目、建立公司形象、從而吸引潛在客户，並鞏固現有的消費族群。

確定

△以客户為主的網路服務與訓練：隨著設計網頁的技術普及化，公關公司也可為客户或老闆規劃網頁資訊內容，作為公關服務的一環。從公關的角度來看，網頁內容可以是「公司簡介」，也可以是以消費者或媒體為目標對象的「新聞信」，報導公司最新動態消息，更可以作為客户與目標對象互動的利器；潛在消費者可以瀏覽企業最新產品，甚至進行線上的試用（例如下傳電腦軟體、音樂與影片等）與訂購。目前網路商機的運用，包括網路廣告與網路活動行銷已經相當普及。雖然線上訂購普及率仍比不上傳統的零售通路，但是未來發展頗有可觀。例如：知名的「巴哈姆特」網站以經營專業電玩漫畫為主（http://www.gamer.com.tw），在電玩玩家社群的經營方面，有一定的成果，自然也帶動了熱絡的線上交易。

△提供議題（或環境）分析的資料： 在進行正式的公關提案之前，公關人員必需先行蒐集與客户相關的資料，包括客户亟欲解決的公共議題，與產品相關的問題等。目前線上資料庫已經相當普及，有各式各樣的新聞報紙、

雜誌、期刊、政府法規彙編、各種商務案例，更有多元功能的搜尋引擎，公關人員可以依照特定的需求，搜尋人名、產品、社會問題、相關文件等最新資料。

值得注意的是，由於網頁成長快速，網路上的資料也顯得格外的繁雜。公關人員若面臨了時效的壓力，常是鍵入最直接的關鍵字，將結果潦草的印一印，就放在結案報告中呈給客户了事。這類的搜尋並不能幫客户什麼忙。其實，搜尋資料是需要經驗累積的。除了可請搜尋引擎提供自動偵測服務外【註一】，公關人員也需請教專業人員，如何增加資料檢索的效率？若是缺乏在網路搜尋資料的經驗，則網路反倒使資訊搜尋變成十分浪費時間的工作。

隨著網路日漸普及，網路使用人口快速成長，公關人員在線上檢索資料時，可能會發現媒體工作人員也時常使用網路檢索資料。許多跨國企業組織也在網路上成立新聞媒體專區，依照時間順序或主題提供新聞稿。隨著網路的發達，傳統的新聞資料袋（media kit）也逐漸電子化，媒體可先行瀏覽，斟酌文件的價值後，再從網頁下傳檔案，不失爲一種既能跨出地域限制，又顧及環保的便利方法。

三、新聞討論群 (Newsgroups)

誠如前述，新聞討論群爲一種電子化的論壇，它的主題包羅萬象，分類詳細，參與討論者則爲所有的網路使用者，從新手到專家都有。許多「熱門」的討論群每天進信量十分可觀，所以系統管理者會設定信件的保留天數，以控制資訊量。

公關人員可以在新聞討論群中找到網路使用者對於剛剛爆發的新聞議題，或是最新上市產品的意見、建議與回饋。然而，由於新聞討論群包羅萬象，每天討論的字數加起來，已經相當於大英百科全書的總字數！想要隨時監視新聞討論群的內容幾乎是不可能的任務。再者，由於網路使用者具有匿名特徵，大多數新聞討論群並沒有「訊息中介者」（moderator，類似電子布告欄的「版主」）篩選、過濾甚至刪除可能引起紛爭的問題信件，少數人會在網路上散布誇大、聳動、不專業，甚至未經查證的消息，引起輿論震撼的效果，企業公關人員應如何面對、處理，本文在稍後有詳盡的描述。

值得注意的是，若與BBS相較，台灣的newsgroup討論風氣並不盛，取而代之的是經由BBS的轉信功能，將文章轉到newsgroup上。近年來newsgroup的使用方式已轉向Web介面來操作。台灣網擎的openfind以及國外的google都有這服務。

四、網路資料庫的使用與價值

網路使用者可以在網路進行跨地域、跨系統的線上資料查詢，資料內容與形式可說是包羅萬象。公關人員可將網路視爲一無窮盡的資料寶庫來源，從中找出客户或產品的詳細資料、消費者相關文獻、公關案例，或是與公共議題相關的重要資料。

以知名的史丹福大學國際研究中心（The Stanford Research Institute International）爲例，其大型消費者行爲研究相關資料置於線上，供使用者瀏覽。廣告、行銷或公關人員在執行大規模的消費者行爲調查時，可以參考這套心理變項指標，作爲策略規劃參考之用。台灣也有東方廣告公司定期執行的消費者行爲調查，其結果彙整爲「E-ICP東方消費者行銷資料庫」，提供線上使用。除此之外，許多專業的媒體調查公司，爲了提供訂户之便利，也會提供各式各樣的資料，如收視率、閱讀率與網路媒體使用調查摘要，很值得公關服務業參考。

美國學者在探討媒體資料電子化的趨勢時曾指出，仰賴電子資料庫服務是公關公司節省時間與預算的一種方法。在美國，紐約市的「廣電媒體調查公司」（Radio／TV Reports）提供了兩萬多家廣播與電視系統的新聞摘要，公關人員只要打關鍵字就可以取得相關報導資料。在台灣，部分大報的新聞內容都已經電子化，以付費的方式提供使用者搜尋，對公關公司來說，不失爲簡便的「剪報」方式。

除此之外，公關人員也必須注意新聞宣傳的「效果測量」問題。某些資料服務公司可以依照客户預先設定的目標評估新聞報導的成效，例如推估該媒體的閱聽眾居住地理區的總人口，並依照各項指標（新聞篇幅、出現版面、媒體一般的閱聽率等）計算它對於主要閱聽眾的影響程度。

雖然電子資料庫爲公關人員帶來便利性，但是網際網路的發達並不意味著它可以完全取代傳統媒體。事實上，公關公司的部分客户仍然選擇傳統的剪報服務，他們想看到新聞標題與照片在報紙上被呈現的版次與位置，與其他新聞的相對關係。再者，只用關鍵字並不能在電子資料庫找到所有關於同一家企業或活動的消息，這是公關人員在使用線上報紙資料庫必須特別注意的。

網際網路也衍生了公關難題

對公關人員來說，網際網路如同許多新興媒體一樣，固然提供許多好處：便利、效率，協助公關人員開發了新型態的溝通平台與方式，但它也帶來了許多問題，茲整理如下：

一、網際網路資訊龐大，難以有效掌握訊息

網路就像一個資訊到處密布的蜘蛛網，而新聞討論群、網站或BBS的討論版又多如繁星，公關人員想要在網路上，全時間掌握所有關於客户的訊息，簡直難如登天。如果「媒體監看」（media scanning）的範圍限制於傳統的廣電與平面媒體，公關人員尚可勉強應付，但網路上公開或私底下流通的資訊實在太大，傳統的媒體監看方式並不適用。國外雖然已經有網路公司專門提供網路監看的服務，而現有的搜尋器也確實威力強大，可幫助專職人員（負責監看者）執行工作，但斧底抽薪之計，並非鉅細靡遺的監看所有的訊息，而是從資訊內容與發信來源來判斷：

- **資訊內容所述是否需要處理？其處理標準為何？**
- **是否可有效鎖定發信者，並與之聯絡？**
- **資訊內容若有不實，最好的處理方式是什麼？**

公關人員可依照標準將資訊分類。例如：荒誕不經或是情緒謾罵的訊息在網路

上可說是家常便飯，會寫這類文字者通常都是匿名者，若評估後認爲不至於對客戶產生影響，可不予理會。有些資訊內容半眞半假，若公關人員認爲容易造成客戶被誤解，則可以在同一個討論群上以公司名義正式澄清。當企業以正式名義澄清之後，通常網路上的討論也就隨之平息。若傳言屬實，則企業必須依循危機處理（詳見「危機處理」單元）的流程，將危機對公司的損害降至最低。

由於網路涉及誹謗的行爲越來越普遍，網路管理者除了要求網友自律外，並無特別有效的方式遏止流言散布，而客戶若選擇打官司，不但曠日廢時，對於其形象提升並無特別幫助，反而讓流言的效應延宕，對產品銷售產生不利的影響。比較好的方式，是遵循「網路上發生的，在網路上解決」原則。企業可於第一時間內，在官方網頁闢一特區澄清傳言，並將澄清信件或相關連結寄給利益關係人（如詢問傳言的消費者、投資人等）。對於仍然繼續在討論區詢問流言眞假的消費者，也可以請監看人員寄信澄清，若有可能，以辦促銷活動的方式，請詢問者留下資料，郵寄產品的樣本或試用卷，以親身試用的方式來粉碎傳言。

二、某些企業對網路流言反應過慢

企業平時若不進行媒體監看，或是鼓勵員工上網時幫公司監看網路訊息，若有問題隨時向上級報告，則網路謠言的負面效應往往會擴散太大，以致於不可收拾，當公關部門或外聘的公關人員接手時，有時可能已經過了有效處理期。有時企業立場過於強硬，揚言對轉貼或詢問流言的網友提出告訴。其實，網路是一個強調自律與交流的媒體，只要對任何訊息有意見，自然可以反駁、澄清。以公司的立場即時出面說明，比動輒威脅網友來得好。

三、媒體操作（含監看）之支出與現有的訊息量不成比例

這是公關公司普遍面臨的難題。在資訊爆炸的時代，企業的公關預算並沒有因爲網路發達而隨之提高。媒體管道日趨多元，公關人員的負荷也越來越沈重，要求「馬兒好，又要不吃草」是不可能的。企業主管若是看重網路的傳播效益，認定網路是商業策略的一部分，也是有效的公關工具，就必須配置更多的人力物力，將網路

視為一重要傳播通路，做好內容規劃與訊息管理。

四、IT（資訊或網路）部門與公關人員對網路的觀點有異

企業IT部門專長的是訊息與傳播的技術性處理，公關或行銷部門則專長於內容產製與有效呈現，兩者的訓練背景不同，看待網路的方式也有差異。然而，兩者的工作業務都與網路息息相關，如何瞭解彼此的工作，進行更有效的協調，也是當今高度e化的企業一大課題。

網路流言的共同特色

一、網路上廣為流傳的謠言大多與民生用品相關

關於民生用品的謠言，由於牽涉甚廣，影響範圍也大。在民生用品中，關於

「食品」的謠言比例又較高，例如「XX便當防腐劑含量過高」、「XX茶製造工廠的茶桶淹死人」、「半熟的蛋含有致命細菌」。這些謠言的共同特色是：杜撰故事者都能煞有介事的提供故事發生的細節，包括時間、地點、甚至人名。有些謠言甚至提供相關的連結，以增強故事的可信度。

二、採信謠言並不需要花費太大代價

對企業之所以造成影響，是因爲謠言所提供的「不消費」建議，對消費者來說，實在太輕而易舉了。有經驗的公關人員都知道，客户的產品一旦出了問題，受影響的不僅止於特定品牌，而是同一類的產品銷售都會受到影響。數年前當某廠牌的礦泉水由於運送過程產品的瓶蓋鬆開，導致細菌逸入，在水中滋生異物。此一消息曝光後，一時之間，所有礦泉水的銷售都受到影響。消費者寧願消極地抵制，也不願冒險飲用同類型的產品。

中國大陸地區SARS疫情蔓延時，有一則廣爲流傳的謠言是「吃綠豆可防

SARS」。造謠者並未提供任何科學證據，但由於每個人都買得起綠豆，每個人也都知道怎麼煮它，因此「行爲門檻是否夠低」成爲謠言是否發揮效果的重要指標。如果防SARS的謠言是：「爲了防SARS，大家需吃兩公斤的天然野生靈芝」，此類謠言就傳不下去，因爲對大部分的人來說，野生靈芝實在太貴了！

三、謠言確實反映了消費者的潛在恐懼

在全球流傳一時的某速食業者「無頭雞」事件，謠言煞有介事地引用學術單位的研究資料，杜撰這家速食業者所用的食材來源，是經過基因科技改造的「無頭雞」。在台灣，這則謠言不但從英文被翻譯爲中文，還在網路上流傳一時。

消費者爲什麼要相信謠言？

從消費者的角度來說，網路謠言之所以被採信，有幾個重要的原因。第一個原

因是消費者雖然身處科技年代，但對於部分科學新發明僅止於表面的瞭解，不但欠缺基本的科學知識，甚至對「高科技」一詞心生恐懼，避之唯恐不及。在台灣曾引起爭議的基因改造食品就是一例。濫用科學術語的謠言，利用了人類對自己不瞭解事務有恐懼感的心態，達成行騙的目的，就是一例。

第二個原因，由於謠言的來源常常是親朋好友轉寄的信件。這些轉寄信件者在收信者的心目中，是可靠且值得信任的。杜撰謠言者也會利用人們信任專家的弱點，冒用專家或專業機構的名字，甚至聯絡電話以取信於人。

第三個原因是謠言的故事就像每天的社會新聞一樣，只要內容夠聳動，就可以吸引大部分人的注意。這種「謠言社會新聞化」的例子屢見不鮮。「XX茶製造工廠的茶桶淹死工人」、「XX泡麵工廠有女工掉入絞肉鍋死亡」，兩則謠言雖然指稱不同的產品，但故事的情節卻非常類似，都與工廠意外事件相關。觀察許多在台灣網路廣爲流傳的謠言，「神鬼」與「死亡」類的傳言不但能廣爲傳布，甚至類似的故事換個時間、地點與主角，照樣能捲土重來。

公關人員處理謠言的步驟

公關人員應該如何處理謠言，以下我們提出幾項建議：

一、掌握流言傳布的源頭與去向

一九八〇年初期，在網路尚未發達的年代，全世界最大的家庭生活用品公司Procter & Gamble（簡稱P&G，台灣稱為寶僑家品）飽受教會流傳的「P&G主管拜撒旦」謠言所苦。謠言從美國南方開始傳布，一開始集中於基本教義派的基督教團體，很快地擴散至美國各地。由於謠言越傳越廣，P&G的公關部門開始進行「消毒」的工作。第一個步驟，就是設立詳細的追蹤系統，追查謠言的地理起源和去向。在網路上追查流言的源頭或許很困難，但可依時間順序，追蹤謠言出現的討論區，掌握謠言蔓延的狀況，並瞭解有哪些網友注意到此一謠言，分析謠言內容，並觀察謠言被討論的方式，再決定是否處理。

二、評估謠言的影響

如前所述，公關人員可依內容性質、是否匿名等標準分類謠言。內容荒謬，錯誤百出或是情緒謾罵的謠言，若不至於影響公司形象或市場，則公關人員可不予理會。有些半眞半假的謠言，若認爲容易造成企業或產品被誤解，則必須盡快以公司名義在網路上愼重澄清。經驗法則是，若企業能盡快澄清，通常網路上的討論也就很快地平息。

三、列出處理的優先順序，訂出妥善的處理策略

管控網路謠言也算是一種危機處理，公關人員必須列出可能被謠言影響的範圍，列出利益關係人的優先處理順序，與之溝通。在這裡有三種作法：在企業網站上設置闢謠區予以澄清，必要時可找公正的第三者背書，增強訊息的可信度；主動寄信給投資人、媒體、消費者澄清謠言，並請他們轉寄給其他關心此一話題的人；主動在討論區上以公司名義澄清，並提供折扣或其他優惠，鼓勵網友以親身體驗的

方式來澄清謠言。

網路謠言平息後，公關人員應該作什麼？

中國人說，「謠言止於智者」。然而，在資訊充斥的時代，卻很少有企業能夠逃過網路傳言的流彈。這也就是爲何公關人員必須在謠言平息之後，好好地檢討謠言生成與傳布的原因。

當公關人員掌握了謠言生成與傳播的原因之後，下個步驟就可以建立網路流言個案處理的資料庫了。所謂「他山之石，可以攻錯」，公關人員也可以蒐集、參考其他公司的案例，無論是跨國公司也好，本土企業也好，每一個案例的謠言分類方式、處理模式、評估成功或失敗的原因等，都提供了珍貴的學習教材，讓我們能夠更有效地處理層出不窮的謠言干擾。

再者，學界近年來也開始重視網路謠言的研究，從心理、社會、傳播、語言等不同的層面研究網路謠言生成與擴散的原因，很值得業界參考。在實務界工作的人不妨參考這些學術資料，配合本書「危機處理」單元提出的相關步驟，相信可以幫助企業更有效的處理謠言困擾。企業也可將本身遇到的謠言及處理方式，交給學界參考，以編撰個案的方式共同來研究，從而降低謠言的不良效應。

「水能載舟，也能負舟」。對企業公關人員來說，網際網路其實代表了一體兩面，它一方面是新的傳播通路，扮演資訊平台的角色，幫助企業整體提升溝通效益，甚至帶來無限商機。可是，另一方面，網際網路也容易引來更多外界對於企業的挑戰，我們在此提出了一些對於網路與公關的看法，並提供謠言處理的步驟，希望能補足台灣相關討論的不足，也藉此拋磚引玉，期待更多的討論與交流

【註一】

例如：企業公關人員可以使用威力強大的搜尋引擎偵測訊息。只要以公司名稱或產品爲關鍵字，搜尋引擎就會列出相關的資料。不過，這類的資訊相當多，是否每一筆都對企業有意義？仍需要公關人員作專業判斷。

附錄「公關與網際網路」主題的網路資源

- 公司網站必備十大要素
  http://www.emba.com.tw/emba/recentRelease/singleArticle.asp?期數=200&編號=19
- 紅豆泥週報
  http://www.richyli.com
- 蕃薯藤網路謠言專題
  http://www.feature.yam.com/urbanlegends
- 「網路謠言排行榜」；東森新聞網－網路追追追
  http://www.ettoday.com./etrumor
- 網路媒體監看系統：365情報中心（大陸）
  http://www.365agent.com
- 網路公關的線上討論
  http://www.internetprguide.com/
- 關於公關實務的專業討論：O'Dwyer's PR Daily
  http://www.odwyerpr.com/
- 相關論文可供下載
  http://ad.nccu.edu.tw/resource/conference/2003/about_conference/images/document/6-2.doc

培養公關專業能力

如同所有的傳播行業一樣，公關這一行瞬息萬變，深受外在環境變化的影響。近十餘年來，台灣媒體生態急遽地改變，傳播管道越來越多元化，消費者的偏好較以往難掌握，品牌忠誠度也在下降中。另一方面，消費者的社會意識抬頭，對企業也有更高的期許。

在如此嚴苛的競爭環境下，對於初入門的公關人員而言，由於仍缺乏足夠的經驗，不斷地自我充實本來就是增強公關專業能力的條件。對於具經驗的公關人員來說，處於一個產業激烈競爭的環境，有太多的資訊需要吸收、消化，自然也不應滿足於現狀，需要不斷的自我砥礪、精益求精、挑戰自我。

大致而言，對公關人員來說，所謂培養「專業能力」，大約可分爲幾方面：

- 拓展視野、領導潮流。
- 熟悉產業、全面掌握。
- 吸收經驗、創新企劃。

●人文素養、社會關懷。

爲了培養專業能力，公關人員透過各種不同的方式接觸資訊是必要的。除了從日常工作汲取經驗之外，有些資深公關人員也會鼓勵後輩「多逛街」、「多看電視頒獎典禮或大型活動轉播」。對公關人員來說，「逛街」、「看電視」可不是休閒活動，而是透過在商圈觀摩其他廠商辦活動的創意與方式，以提升自己企劃能力。公關人員假日時多到鬧區走走，帶著一本筆記，透過觀察的方式，評估這些活動的成敗因素。有些活動若不能親身參與，也可以觀看電視轉播，例如奧運開幕閉幕典禮、大型選舉造勢活動、金曲獎或金馬獎頒獎典禮……等。公關人員可檢驗活動內容與主題是否相契合，活動流程是否順暢，活動主持人是否將觀眾情緒帶入高潮等。這些觀察筆記都可以作爲公關人員日後辦活動時參考。

▼書中自有顏如玉▲

然而，「逛街」、「看電視」只是培養公關企劃能力的一個條件而已。自我期許

高的公關人員，並不以觀摩活動爲滿足。不論主題與工作相關與否，仍應多讀報紙、書、雜誌，多接觸各色文字與影像的資料，才能培養上述四種「專業能力」。

幾年前，筆者曾在政治大學傳播學院開「現代文選」一課。開設此一科目主要的用意是培養、廣化及深化學生閱讀興趣。這一群學生，未來將進入廣告、公關、新聞、廣電等行業。閱讀本來就可以幫助我們認識外在世界，公關人員若能養成良好的閱讀習慣，將終生受用無窮。這也就是爲何有些同行的專業人員，若彼此意氣相投，會自發性的成立讀書會，透過交談、討論、辯論、書寫，甚至表演等方式，與他人分享、彼此切磋。

筆者開設「現代文選」時，按照主題區分，爲學生開了一系列的書單：

類目：流行文化

★維珍旋風——品牌大師布蘭森自傳，Richard Branson原著，楊嘉譯，時報出版，2000。

對照閱讀：

流行文化裡的日本：拜物圖艦，湯禎兆著，商周出版，1999。

Shopping Young: Miss Right & Mr.Right的戀愛紀實，黃威融著，新新聞，1997。

流行陰謀，尼古拉斯・科瑞奇原著，時報，1995。

類目：影像藝術

★藝術觀賞之道（The way of seeing），John Berger原著，戴行鉞譯，台灣商務印書館，1993。

對照閱讀：

迎向靈光消逝的年代，班傑明原著，臺灣攝影工作室，1998。

明室，班傑明原著，臺灣攝影工作室，1999。

類目：五○年代的台灣歷史與政治

★幌馬車之歌，藍博洲，時報文化，1991。

對照閱讀：

趙南棟及陳映真短文選，陳映真，人間，1987。

藍博洲，五○年代白色恐怖：台北地區案件調查與研究，北市文獻會，1998。

類目：專業與性別互動

★不與男孩同一國，法蘭西絲・康利原著，何穎怡譯，女書店，1999。

對照閱讀：

白色巨塔，侯文詠著，皇冠叢書，1999。

類目：庶民誌

★邱坤良，南方澳大戲院興亡史，新新聞文化，1999。

對照閱讀：

天送埤之春：一位台灣婦女的生活史，范麗卿著，守護神，1993。

類目：後設文學：文字遊戲場

★如果在冬夜，一個旅人，伊塔羅・卡爾維諾原著，時報文化，1993。

對照閱讀：

後現代主義與文化理論，詹明信講座，唐小兵譯，當代出版，1989。

類目：環保

★垃圾之歌，William Rathje，時報，1994。

對照閱讀：

廢墟台灣，宋澤萊，草根，1995。

大地反撲，心岱，時報，1985。

走過傷心地，楊憲宏，圓神，1986。

類目：哲學

★蘇菲的世界，蕭寶森譯，智庫文化，1995年

類目：傳播科技

★數位革命，Nicholas Negroponte原著，齊若蘭譯，天下，1995。

對照閱讀：

捍衛網路，Clifford Stoll原著，白方平譯，天下文化，1996。

電腦叛客，Katie Hafner & John Markoff原著，尚青松譯，天下，1995。

未來城，賴慈芸翻譯，時報出版，1997。

類目：動物行爲

★所羅門王的指環，Konrad Z. Lorenz原著，天下文化，1997。

對照閱讀：

雁鵝與勞倫茲，天下，1994。

狗兒的祕密生活，Elizabeth Marshall Thomas，天下，1996。

在這一門課中，打★號者爲必讀書，其餘則爲此一領域或類目中相關的書籍，與必讀書籍互相對照，稱之爲「對照閱讀」。對於某一類目產生濃厚興趣的學生，自然可以在讀完打★號的書籍後，再去廣泛地閱讀筆者所推薦的書。

讀者可以注意到，「現代文選」開出來的書單中，小說與傳播專業的比例都偏低！筆者如此安排的用意，是在鼓勵學生多讀「硬」一點的書，例如人物傳記、科學、政治與哲學……等。值得注意的是，部分書籍還可以與影片一起搭配：例如知名的藝術批評經典「藝術觀賞之道」，原本就是由四集英國BBC的影片改編而成。著名的侯孝賢導演作品「好男好女」，改編自藍博洲的小說《幌馬車之歌》。文字與影像相互搭配，可加強其閱讀效果，深化讀者的印象。

所謂「養兵千日，用在一時」，這些書或許與公關專業沒有直接的關連，但當博學強記的公關人員面對不熟悉的產業或客户時，至少知道從過去讀書或找資料的經驗，很快地判斷應該從哪一類主題下手，迅速地掌握企劃重心。

就「讀書」這件事情來說，勤閱讀與勤逛書店各有不同的樂趣。勤逛書店如同多逛街一樣，從新書陳列與宣傳手法中，公關人員可以觀察當下的流行概況。在書店中，書籍陳列的方式本身就可以展現商品擺設的創意。不妨觀察一下熱門暢銷書的主題是什麼？到櫃臺去結帳的讀者對什麼主題最有興趣？是否有男女差異？流連於不同區域的讀者，有什麼不一樣的特質？

▼報紙、雜誌也有黃金屋▲

看報紙是公關人的例行功課，平均每天要花兩個小時閱讀所有的新聞。然而，

第10話 培養公關專業能力

每天十幾份報紙的閱讀量是不小的負擔，因此要如何有效分配時間，順利完成閱報工作，乃是公關人員的基本訓練。

效率閱報技巧如下：

- **就例行公事而言，主要監看對象以產業新聞為主。**
- **若與工作無關的新聞，則只須詳讀一家即可。**
- **將新聞標題視為瀏覽指標。先讀新聞標題，再決定是否繼續閱讀。**

在產業新聞方面，經濟日報、工商時報以及相關的電子媒體財經報導都是主要監看的媒體。長久以來，經濟日報與工商時報報導重點各有不同。經濟日報較爲重視產業綜合分析報導，工商時報對企業動態著墨較多。不妨參考這樣的閱報習慣：先讀經濟日報，再看工商時報。先取得產業綜合性的分析資料，再看看工商時報如何將某些新聞重點放大，而專題報導的主軸又是什麼？這是因爲工商時報喜歡作獨家與頭條，有些比較辛辣的新聞，甚至會被放到中國時報當頭條，而經濟日報則較少有這種狀況。

不妨這樣規定自己，以四十五分鐘讀畢工商時報和經濟日報，剩下的時間瀏覽其他新聞與版面。最好能將每日的讀報時間規範在一小時四十分左右。當然，公關人員若是有更好的監看媒體機制，也應秉持效率原則善用之。

在雜誌方面，公關人員可視服務的產業與產品而定，一般閱讀重點仍以財經雜誌爲主，輔以客户所屬的產業雜誌如電腦、資訊、運動、旅遊或時尚等。閱讀雜誌的好處是可以在短期內迅速汲取某些產業的動態與知識。若客户屬於醫療業則要讀《康健》雜誌和各大報醫藥版。服務於化妝品產業者，則要多讀時尚與美容雜誌。許多國際版時尚雜誌常會報導國際間斥資台幣千萬以上的走秀或時尚活動，閱讀這些訊息都可以提供公關人員若干企劃靈感。

現在是網路發達的時代，部分報紙與雜誌都有網路版。筆者以環保理由鼓勵公關人員多利用網路搜尋與瀏覽資訊（尤其是報紙）。在「公共關係與網際網路」單元中，筆者也曾詳細介紹公關人員利用網路的策略。然而，值得特別注意的是，網路上的電子報或雜誌通常只放近期的版本，若要搜尋較早的資訊，仍然得從紙本刊物搜尋才能得到。再者，受到著作權法規範，一般圖書館網站所提供的資料，由於授權取得不易的關係，目前即使是國家級的圖書館也無法讓所有的期刊資訊完全e化，做到百分之百的全文下載。

截至目前爲止，網際網路仍無法完全取代書籍或雜誌。公關人員最好能全面性地吸收知識，而非一味仰賴網路搜尋。否則搜尋所得的訊息有可能不夠完整，或是部分資訊沒有標示來源亦缺乏查證，反而容易出錯，造成工作上的困擾。

管理資訊的實際作法

當公關人員培養好的閱讀習慣後，接下來的挑戰，就是將這些資訊加以整理、建檔，增加使用時的便利。幾個簡單的資料整理原則可供參考：

一、將閱讀過的每一則資訊，依照自己習慣的分類（產業、一般圖書分類、時間、活動性質）方式，簡單地建檔

如果是紙本的資料，可以放在同一份檔案夾中，在檔案夾上標示屬於哪一類資料。如果是電子檔，也可在電腦上開一個新的檔案夾，做出不同的分類。

二、若屬於重要或複雜的資料，則應作一個簡單的摘要

在資訊充斥的時代，大部分的人不可能記得閱讀過的資訊細節。最好的方式是製作摘要，以備將來使用時，可以迅速地掌握要點。若資料屬於論述性的文章，公關人員不妨參考社會人文學科的論文摘要格式製作。若是產業類的調查資料，不妨先標示關鍵數字或圖表，在摘要中扼要地交代產業趨勢與評估。這些摘要完成後，仍應根據公關人員平日的分類習慣建檔。

三、養成汰舊換新的好習慣

許多資料具有時效性，當一年過去後，新的想法、創意、調查結果與趨勢又出籠了。有些資訊可能已經不合時宜，公關人員應該適時地更新這些資料，不要讓自己的資料庫變成「舊聞」處理中心。

目前台灣前五百大企業全面e化的比例已經越來越高，公關人員日理萬機，每天在外面與客户開會、提案、辦活動等，需要一個更簡便的資料處理方式。除了攜帶筆記型電腦、隨身碟外，使用PDA也是一個很好的選擇。有越來越多的上班族利用一些電子的資料管理系統來儲存、使用資訊。PDA是Personal Digital Assistant的縮寫，中文可翻為「個人數位助理」。

PDA不僅可用來管理公關人員的個人訊息（例如製作通訊錄，工作計畫等），更可以上網瀏覽，收發電子郵件，發傳眞，甚至還可以當作手機來用。這些功能目前都可以通過無線方式實現。當然，並非所有的PDA都具備以上功能；即使具備，也有可能由於缺乏配套的通訊服務而無法實現。然而，在可以預見的將來，這種資料管理系統將可集傳播、網路通訊、儲存、娛樂、電子商務等多功能於一「機」。

對公關人員來說，PDA就像一台功能較爲簡略，但檢索方便的電腦。所有輸入的資料均可交叉使用。筆者任職於味全公關部時，PDA的內容包括：財經記者聯絡網、最近與公司相關的新聞報導、財務報表（以便回答財經記者有關毛利、淨利、營業額等問題）、股東會常董名單和理監事。這些資料可分爲味全、鼎新、皇家味全等三部份加以整理，以應付媒體與公司高層的查詢。

一般而言，在企業屬管理級的公關人員，若要在PDA中建檔，輸入資料，則可依企業管理的基本元素，細分爲產品、人事、銷售、研發、財務……等五個不同面向的資料。數年前，當味全在台北的辦公室大樓遭祝融之災時，筆者當時人在天津，之所以能夠迅速協助公司作危機處理，完全是拜PDA之賜，儲存了公關業務所需的各式資料，因此能指揮若定，將火災對公司的影響降至最低。

▼新手上路ABC▲

以上針對「公關人如何自我充實」與「管理資訊的實際作法」作了一些通則性

的建議。對於馬上就要到第一線去打仗的公關人員來說，仍然需要參考具體的例子與步驟。

假設有一個公關人員服務的公司剛剛承接了美白產品的案子，需要爲這個產品作公關與行銷，對此產品一無所知的他，應該如何充實自己的產品知識呢？

這名公關人員必須從市場資訊入手。他可以從報紙入手，檢索與美白產品相關的產業新聞，掌握目前的市場概況以及產品分類的方式。一般而言，化妝品可分爲基礎保養、美白、深度保養、除皺等產品。價格、品牌和銷售形式（開架／直銷／專櫃）也可透過產業新聞報導，有大致上的瞭解。

在數字統計方面，廣告量、營業額及銷售量則可透過資料庫、專業調查，甚至詢問產業記者得知。有部分消費者行爲調查結果可以推估消費者購買美容產品的預算額度。除了掌握調查數字之外，公關人員還可請教有經驗的同事，或是與企業窗口作良好的溝通，取得進一步的產業內部資料。

除了上述作法之外，公關人員還可以實地走訪，以親身體驗的方式，深度瞭解一個產品的細節。公關與廣告不同的地方，在於公關必須掌握更多關於產品的資訊，將之成功地傳遞給目標對象。這就是爲什麼需要詳細說明的「釋疑性」產品，特別適合以公關的手段來進行宣傳。以承接旅遊產品的案子爲例，公關人員首先要掌握的重點就是：一定要實地走訪！

實地走訪的好處，在於可以隨時檢查產品的問題。以旅遊產品爲例，當客户已經將旅遊行程規劃好之後，公關人員就必須建立一套評估表：行程會不會太趕？景點有哪些特色可以作爲新聞話題？旅館與餐飲的服務品質如何？旺季、淡季的觀光品質差異是否過於明顯？

需要實地走訪的也包括飲品或食品類，例如礦泉水。公關人員不妨實地去看礦泉水出泉處，瞭解一下產品的特性。參觀工廠，瞭解其生產流程與品管也很重要。

如果閱報、搜尋資料庫、平日活動觀摩、請教同事或專業、實地走訪……等培養專業知識的方式都還是不夠的話，公關人員可直接向客户要求上課，或是在該公司工作或實習，取得進一步的瞭解。筆者曾爲了瞭解溫蒂漢堡賣的產品，眞的去溫蒂漢堡打一個禮拜的工，從產品的製造、包裝到銷售等，馬上就能一目瞭然。

對公關人員來說，只要是簽訂長期合約的客户，就應不吝惜地發問、請教。有的時候，由於對產品過於陌生，公關人員可能連應該問什麼問題都不知道。初接觸客户時，最直接的方式是走訪高級主管。這份訪問大綱可以參考管理的基本元素，比如説公司五管：生產、行銷、人事、研究發展、財務等，將問題一一列出，自己先做好功課，再請教客户。

若公關人員從事的是與主管政府機關溝通的工作，屬於公共事務部門的業務，則可從政府機關出版的官方刊物或資料入手。目前這些資料幾乎都已經上網，公關人員不妨善用網路，在網路上搜尋相關的法規、行政命令、招標規定與細節，事先掌握好基本資訊，以促進與聯絡人溝通的效率。

▼提升公關專業，實現夢想▲

從自我充實的角度來看，如果公關人員關心的都只是如何取得產品或市場相關

第10話 培養公關專業能力

資料，以便進行企劃中的前置分析，那是比較功利導向的。以上的建議，雖然可以幫助公關人員達成工作目標，畢竟只是一種「撇步」。

公關人員若需協助企業作形象深耕，則要用較長的時間去掌握，比較各種案例的異同之處，以及這類案例所建立起來的成功範例有哪些共同元素？然後再搭配原來廣泛閱讀所累積的博學強記，才能顯著提升公關人員的專業能力。

我們曾在書的開頭「公關的夢想」單元中提過，公關人最大的夢想，就是可以從「純執行」的技術層次中跳脫，向客户提供自身的經驗與智慧，提升公關的專業水平。無窮的好奇心、熱情、關懷社會……這些都是身為公關人員的精神展現。有錢人或大企業或許可以捐錢回饋社會，公關人員雖然無法有這等財力與氣魄，但仍可以展現專業的企劃能力，全力發揮創意，造福人群。讓公關人員的努力被更多人看見，讓公關這一行不再被誤解，受到更多的尊重。

要達成這個目標，就要從自我充實做起，就從今天開始！

Public Relations

Public Relations

Public Relations

公關大有為

作　　者／孫秀蕙、黎明珍
出 版 者／揚智文化事業股份有限公司
發 行 人／葉忠賢
總 編 輯／閻富萍
執行編輯／范湘渝
登 記 證／局版北市業字第1117號
地　　址／台北縣深坑鄉北深路三段260號8樓
電　　話／(02)8662-6826
傳　　真／(02)2664-7633
網　　址／http://www.ycrc.com.tw
E-mail／service@ycrc.com.tw
印　　刷／鼎易印刷事業股份有限公司
法律顧問／北辰著作權事務所　蕭雄淋律師
I S B N／957-818-589-8
初版一刷／2004年2月
初版六刷／2010年9月
定　　價／新台幣300元

國家圖書館出版品預行編目資料

公關大有為／孫秀蕙，黎明珍作.--初版.--
臺北市：揚智文化，2004〔民93〕
面： 公分

ISBN 957-818-589-8（平裝）

1. 公共關係

541.84 92021747